Günter und Luise Auferbauer

Ost-Steiermark

Vom Joglland ins Thermenland und Vulkanland

50 ausgewählte Wanderungen

BERGVERLAG ROTHER GMBH · MÜNCHEN

Umschlagbild:
Die Riegersburg und der gleichnamige Ort.

Bild im Innentitel:
Im Joglland bei Wenigzell.

Alle 90 Fotos stammen von Günter Auferbauer.

Kartografie:
50 Wanderkärtchen im Maßstab 1:25.000 / 1:50.000 / 1:75.000
Zwei Übersichtskarten im Maßstab 1:600.000 und 1:1.000.000
© Freytag & Berndt, Wien

Die Ausarbeitung aller in diesem Führer beschriebenen Wanderungen
erfolgte nach bestem Wissen und Gewissen der Autoren.
Die Benützung dieses Führers geschieht auf eigenes Risiko.
Soweit gesetzlich zulässig, wird eine Haftung für etwaige Unfälle
und Schäden jeder Art aus keinem Rechtsgrund übernommen.

1. Auflage 2007
© Bergverlag Rother GmbH, München
ISBN 978-3-7633-4312-6

ROTHER WANDERFÜHRER

Achensee · Algarve · Allgäu 1, 2, 3, 4 · Altmühltal · Andalusien Süd · Aostatal · Appenzell · Arlberg · Außerfern · Auvergne · Azoren · Bayerischer Wald · Berchtesgaden · Bergisches Land · Berner Oberland Ost, West · Bodensee · Böhmerwald · Bozen · Brandnertal · Bregenzerwald · Bretagne · Chalkidiki · Chiemgau · Chur · Cinque Terre · Comer See · Cornwall-Devon · Costa Blanca · Costa Brava · Costa Daurada · Côte d'Azur · Dachstein-Tauern · Dauphiné Ost, West · Davos · Dolomiten 1, 2, 3, 4, 5, 6 · Eifel · Elba · Elbsandstein · Elsass · Ober-, Unterengadin · Erzgebirge · Fichtelgebirge · Fränkische Schweiz · Fuerteventura · Gardaseeberge · Gasteinertal · Genfer See · Gesäuse · Glarnerland · Glockner-Region · La Gomera · Gran Canaria · Grazer Hausberge · Gruyère-Diablerets · Hamburg · Harz · Hawaii · El Hierro · Hochkönig · Hochschwab · Hunsrück · Ibiza · Innsbruck · Irland · Isarwinkel · Island · Istrien · Spanischer Jakobsweg · Julische Alpen · Jura · Kaiser · Kapverden · Kärnten · Karwendel · Kaunertal · Kitzbüheler Alpen · Korsika · Kraichgau · Kreta Ost, West · Lago Maggiore · Languedoc-Roussillon · Lanzarote · Lappland · Lungau · Madeira · Mallorca · Meran · Montafon · Mont Blanc · Mühlviertel · München · Golf von Neapel · Neuseeland · Neusiedler See · Nockberge · Norische Region · Norwegen Süd · Odenwald · Ossola-Täler · Ost-Steiermark · Osttirol Nord, Süd · Ötscher · Ötztal · La Palma · Pfälzerwald · Pinzgau · Pitztal · Pongau · Provence · Pyrenäen 1, 2, 3, 4 · La Réunion · Rheinhessen · Rhodos · Rhön · Riesengebirge · Rom-Latium · Rügen · Salzburg · Salzkammergut · Samos · Sardinien · Sauerland · Savoyen · Schottland · Schwäbische Alb Ost, West · Schwarzwald Nord, Süd · Schweden Süd und Mitte · Seealpen · Seefeld · Sizilien · Spessart · Steigerwald · Steirisches Weinland · Sterzing · Stubai · Surselva · Tannheimer Tal · Hohe Tatra · Hohe Tauern Nord · Tauferer Ahrntal · Taunus · Tegernsee · Teneriffa · Tessin · Teutoburger Wald · Thüringer Wald · Toskana Nord · Überetsch · Umbrien · Vanoise · Vía de la Plata · Vierwaldstätter See · Vinschgau · Vogesen · Vorarlberg · Wachau · Ober-, Unterwallis · Weinviertel · Weserbergland · Wien · Wiener Hausberge · Zillertal · Zirbitzkogel-Grebenzen · Zugspitze · Zürichsee · Zypern

Wir freuen uns über jeden Korrekturhinweis zu diesem Wanderführer!
BERGVERLAG ROTHER · München
D-85521 Ottobrunn · Haidgraben 3 · Tel. (089) 608669-0
Internet www.rother.de · E-Mail leserzuschrift@rother.de

Vorwort

Die vielen guten Fakten, aufgrund derer wir von dieser Stelle aus unsere Heimat einmal mehr empfehlen, reichen von A wie Ausdauer und B wie Bewegungslust über W wie Wohlfühlen bis zu Z wie Zusammenhalt. In der Steiermark verschmelzen deren äußere und innere Werte zu einem Nachhall von zeitloser Güte: Es ist der gute Ruf, welcher der Steiermark dank ihrer Regionen und somit erst recht auch dank der Ost-Steiermark anhaftet, ja sogar vorauseilt als »Österreichs schönstes Bundesland«, weil getragen vom einzigartigen Kontrast der Landschaften: von den Schneegebirgen der Obersteiermark bis zum Almenland, Apfelland, Hügelland, Thermenland, Vulkanland, Weinland in der Ost-Steiermark. Es gibt ungezählte Ideen, die – gepaart mit geländebedingten Strukturen – derart motivieren, die Schuhsohlen und Fußsohlen gleichermaßen herauszufordern, mitunter gar zu strapazieren.

Beim populären Freizeit-Segment »Wandern« mahnen jedoch nicht selten spezifische Überraschungseffekte zu erhöhter Umsicht: Obwohl die Richtlinien bezüglich einheitlicher Markierung seit mehr als 35 Jahren festgeschrieben sind und zudem die Vorgaben für das nunmehr alpenweit geltende einheitliche Beschilderungssystem u.a. in Westösterreich konsequent umgesetzt werden, sind in der Steiermark allgemein und in der Ost-Steiermark im Besonderen bislang bloß Ansätze für ein einheitliches Erscheinungsbild im Wanderwege-Leitsystem wahrnehmbar. Die Ist-Situation animiert daher zu offenem kritischen Hinterfragen: Warum haftet just im Bundesland Steiermark dem Leitsystemen im Wanderwegenetz eine eher nur spotähnlich aufblitzende professionelle Ausführung an?

Die Hoffnung auf Besseres darf dennoch grünen: Es gibt Neuerungen im Wanderwege-Leitsystem; teils lokal so zeitgemäß installiert wie im Umgebungsbereich des Joglland-Dorfes Miesenbach, teils so umfangreich angelegt wie in der Region Steirisches Vulkanland. Das Netz der Wanderwege reicht in der Ost-Steiermark von den Bergkämmen der Fischbacher Alpen und des Wechsels sowie aus dem Grazer Bergland und Weizer Bergland entlang der die Flüsse umgebenden Hügelreihen bis in das tief gefurchte Grabenland und in die Ebenen des Murfeldes an der Staatsgrenze.

Die bunt gemixten Autokennzeichen bestätigen auf einen Blick: In den Ballungszentren der Ost-Steiermark tummeln sich während aller Jahreszeiten Gäste aus ganz Österreich ebenso wie aus den Nachbarländern. Umso mehr gilt unser Wunsch: In all den Landschaftsräumen sollen sich Landschaftsträume verwirklichen. Willkommen zum Wandern in der Ost-Steiermark!

Graz, im Herbst 2007   Günter und Luise Auferbauer

Inhaltsverzeichnis

Vorwort 3

Touristische Hinweise 6
    Symbole und Abkürzungen 6
    Die Top-Touren in der Ost-Steiermark 9
Die Ost-Steiermark 10
Informationen und Adressen 12
    Verkehr 14
Übersichtskarte 17

Region Nördliche Ost-Steiermark
1. Sommeralm und Plankogel, 1531 m 18
2. Auf den Hochwechsel, 1743 m 20
3. Rund um den Hochkogel, 1314 m 23
4. Von Friedberg zum Hilmtor, 997 m 26
5. Der Kraftpfad im Joglland 28
6. Wenigzeller Barfußpark und die Bratl-Alm 30
7. Toter Mann und Lafnitzegg 32
8. Kultwanderweg um die Wildwiesen, 1274 m 35
9. Rund um Miesenbach 38
10. Barbara-Sicharter-Weg 40
11. Vorauer Waldlehrpfad 44
12. St. Pankraz und Masenberg, 1261 m 46
13. Pöllau und Pöllauberg, 753 m 48
14. Rundweg am Ringkogel, 789 m 50
15. Löffelbach und Burg Neuberg 52
16. Maria Fieberbründl und Schielleiten 54
17. Markt Hartmannsdorf 58

Region Steirisches Thermenland
18. Nach St. Magdalena am Lemberg, 454 m 60
19. Rund um Großsteinbach 62
20. Auffener Turm und Harter Teich 64
21. Höhenrunde in Leitersdorfbergen 66
22. Bad Blumau und Leitersdorfbergen 68
23. Kuruzzenweg nach Burgauberg 72
24. Von Loipersdorf zum Köglberg 74
25. Kraftwanderweg und Therme Loipersdorf 76
26. Therme Loipersdorf – Magland 78
27. Unterlamm und Maglanderhof 80

28	Maria-Theresianischer Wanderweg	82
29	Gleichenberger Bahn-Wanderweg	86
30	Bad Gleichenberger Walderlebnispfad	90
31	Lindenkapelle auf dem Rudorfkogel	92
32	Von der Parktherme zum Liebmannsee	94
33	Die »Antenne« in den Mur-Auen	96

Region Steirisches Vulkanland

34	Edelsbacher Kreuzweg	100
35	Sterngucken im Vulkanland	102
36	Aus dem Raabtal zur Riegersburg	106
37	Fünf-Elemente-Weg um Wörth	110
38	Kaskögerlweg Poppendorf	112
39	Geo-Trail Kapfenstein	114
40	Über den Stradner Kogel, 609 m	116
41	St. Anna am Aigen: Weinweg der Sinne	118
42	Weg der Kunst um Stainz bei Straden	120
43	Rund um Straden	124
44	Über den Königsberg	126
45	Um den Klöchberg	128
46	Vom Ottersbach zur Weinwarte	130
47	Rosenberger Weinweg	132
48	Gosdorf und Kleiner Teichweg	134
49	Murecker Au-Erlebnisweg	136
50	Grenzweg von Spielfeld nach Mureck	138

Stichwortverzeichnis 142

Touristische Hinweise

Zum Gebrauch des Führers
Allen Wandervorschlägen sind die wichtigsten Informationen überblicksartig vorangestellt, ergänzt jeweils mit Kartenausschnitten im Maßstab 1:25.000, 1:50.000 und 1:75.000 mit eingezeichneter Wegstrecke. Weiters enthält jede Tour ein Diagramm, aus dem die Gehzeiten der einzelnen Etappen, die Höhenmeter sowie die Gesamt-Kilometer ersichtlich sind.
Die Routen sind in der allgemein empfehlenswerten Gehrichtung beschrieben, können zumeist jedoch ebenso in umgekehrter Richtung begangen werden.
Übersichtskarten auf Seite 17 sowie auf der letzten Umschlagseite informieren über die geografische Lage der 50 Wanderziele.

Anforderungen
Die überwiegende Anzahl der Wanderungen verläuft auf gut instand gehaltenen, markierten Wegen. Der Begriff »Weg« ist mitunter nur im Sinne eines Steiges zu verstehen. Die Annehmlichkeiten eines Fahrweges (breit, nur mäßig steil) gibt es ausschließlich dort, wo auf einen Forstweg, Almweg oder insbesondere auf eine Flurstraße hingewiesen wird. Etliche Wanderrouten sind identisch mit jenen Strecken, welche mitunter seit Generationen für touristische Zwecke genutzt werden.

Regen, Schnee, Eis und Nebel schaffen besondere Wegverhältnisse. Diese Erschwernis muss vor allem bei Routen beachtet werden, welche über die Waldgrenze hinausführen: Wege, die bei Schlechtwetter begangen werden, erfordern besonders gute Ortskenntnisse und zusätzlich ein größeres Orientierungsvermögen, wie z.B. bei den Touren 1–3, wo zusätzlich auf Wind und Wetter zu achten ist.

Um die jeweiligen Anforderungen unter normalen Verhältnissen besser einschätzen zu können, sind die Nummern der Wandervorschläge in entsprechenden Farben dargestellt.

Symbole und Abkürzungen

🚌	mit Bus/Bahn erreichbar
✗	Einkehrmöglichkeit unterwegs
✦	für Kinder geeignet
⌂	Ort mit Einkehrmöglichkeit
▲	bewirtschaftete Hütte, Gasthaus
△	unbewirtschaftete Hütte, Unterstand
†	Gipfel
)(	Pass, Sattel, Joch
‡	Kirche, Kapelle, Kloster
♦	Burg, Schloss, Ruine
▮	Aussichtsturm
⊼	Picknickplatz, Rastplatz
❀	Aussichtsplatz
∴	archäologische Stätte
R	Ruhetag
BS	Buschenschank

Steirische »Kern-Energie«: vom Kürbis zum Kernöl.

Die Farben erklären sich wie folgt:

▇ Es handelt sich um allgemein einfach begehbare Wege und Steige. Diese sind gut markiert, ausreichend breit und nur mäßig steil. Solche Wege können auch von Kindern und älteren Menschen relativ gefahrlos begangen werden.

▇ Diese Kategorie von Wegen und Steigen soll grundsätzlich nur von umsichtigen, ausdauernden Bergwanderern begangen werden. Die Wege sind allgemein zwar bezeichnet, erfordern jedoch guten Orientierungssinn, vor allem dort, wo abschnittsweise Wegstücke nur dürftig oder gar nicht bezeichnet sind. Ausreichende Kondition ist eine generelle Voraussetzung.

Gehzeiten
Die Zeitangaben beziehen sich auf die reine Gehzeit beim Anstieg bzw. Abstieg; die Gesamtzeiten sind aufgerundet. Berechnungsgrundlage: Eine Stunde Gehzeit pro 400 Höhenmeter Anstieg bzw. 4 km halbwegs ebenen Weges. Speziell im Waldgelände dehnen sich jedoch die Gehzeiten mitunter erheblich aus, insbesondere auch infolge von eventuellen Gegensteigungen.

Richtungweisend: Der Weinweg der Sinne (Tour 41) ist in beiden Richtungen empfehlenswert.

Bei allen Themenwegen ist ein »Zeitpolster« miteingerechnet. Für deren Strecken lassen sich auch keine annähernd genauen Gehzeiten errechnen, denn all diese Wege sind grundsätzlich mit Schautafeln bzw. fixen Haltepunkten ausgestattet und daran halten sich Wandergäste unterschiedlich lange, das heißt, je nach ihrem persönlichen Interesse, auf. Aus den Kilometerangaben im Diagramm kann man jedoch die Mindest-Gehzeiten ableiten.

Ausrüstung
Je nach Strecke und Wegverhältnissen sind Wander- oder Bergschuhe zu empfehlen. In jedem Fall kommen vorsorglich in den Rucksack: Regen-, Wind- und Kälteschutz, eine kleine Apotheke, Sonnenschutz, Tourenproviant und – anstatt von Dosen – eine leichte, nachfüllbare Trinkflasche.

Karten
Unabhängig von den Kärtchen, welche dieser Führer enthält, sollte man – zwecks besserer Übersicht im jeweiligen Gebiet – die jeweils dazugehörende Freytag & Berndt-Wanderkarte, 1:50.000, mit dabei haben.
Folgende FB- Wanderkarten (WK) decken die Ost-Steiermark samt dem Steirischen Thermenland ab: WK 021 »Fischbacher Alpen – Roseggers Waldheimat«; WK 131 »Grazer Bergland – Schöckl – Teichalm – Stubenbergsee«; WK 412 »Südsteirisches Hügelland – Vulkanland – Bad Gleichenberg – Bad Radkersburg«; WK 422 »Wechsel – Bucklige Welt – Bernstein«; WK 423 »Thermenland Oststeiermark – Südburgenland«.

Beste Jahreszeit
Grundsätzlich sind die Wandervorschläge während aller Jahreszeiten nachvollziehbar. Zu berücksichtigen ist jedoch, dass während der Monate Juni, Juli und August die nördlicheren Bereiche der Ost-Steiermark (Naturpark Almenland, Apfelland/ Stubenbergsee, Joglland, Hartberger Land, Naturpark Pöllauer Tal, Wechselland) sich bevorzugt zum Wandern im Sommer eignen. Hingegen bieten die Energieregion Weiz-Gleisdorf, die Umgebungsbereiche

Die Top-Touren in der Ost-Steiermark

Sommeralm und Plankogel
Inmitten des Naturparks Almenland. Die Wegstrecke kann beliebig gestaltet werden (Tour 1; 4½ Std.).

Auf den Hochwechsel
Der höchste Gipfel in diesem Wanderführer. Einzigartig sind die weiten Almböden (Tour 2; 5½ Std.).

Wenigzeller Barfußpark und Bratl-Alm
Eine ausgesprochen lustige Ziel-Kombination. Zuerst barfuß spazieren, danach kinderleicht in Richtung Bratl-Alm unterwegs (Tour 6; 2¼ Std.).

Kultwanderweg um die Wildwiesen
147 Stufen führen auf den 35 m hohen Wildwiesenturm. Dazu gibt es den Sonne-und-Mond-Weg (Tour 8; 4 Std.).

St. Pankraz und Masenberg
Von der Volksschule gleich einem Lebensweg beständig bergan. Zur Belohnung: Einkehr beim Olmstoll und dem Mesnerhäusl (Tour 12; 4 Std.).

Pöllau und Pöllauberg
Eine Bergwanderung zum sakralen Höhepunkt im Naturpark Pöllauer Tal (Tour 13; 2¾ Std.).

Bad Gleichenberger Walderlebnispfad
Aus dem Kurort Bad Gleichenberg zum Mühlsteinbruch, mit etlichen Erlebnis-Stationen unterwegs (Tour 30; 3¼ Std.).

Aus dem Raabtal zur Riegersburg
»Zur stärksten Festung der Christenheit«. Eine beispielhaft schöne Wanderung »mit Bus und Bahn« (Tour 36; 5½ Std.).

Geo-Trail Kapfenstein
Der erste Lehrpfad seiner Art im Steirischen Vulkanland. Geballte Information aus 2 Mio. Jahren (Tour 39; 1¼ Std.).

Vom Ottersbach zur Weinwarte
Ins Land schauen wie vom Kelchrand eines Weinglases. Die Form dieser Weinwarte ist wortrecht einzigartig (Tour 46; 2½ Std.).

---

der Thermenorte sowie das Steirische Vulkanland samt dem Radkersburger Teich- und Hügelland ideale Wanderbedingungen im Herbst, auch während des Winters sowie erst recht im Frühjahr und bis in den Frühsommer hinein.

Einkehr und Unterkunft
Alle unter dem Stichwort »Einkehr« genannten Einkehrstätten (Gasthöfe, Gasthäuser, Buschenschenken) sind grundsätzlich gut bewirtschaftet. Soweit nicht ganzjährig geöffnet, sind in Klammer die Bewirtschaftungszeiten – ebenso wie die Ruhetage (R) – angegeben.
Die Almhütten sind eher auf den Tagestourismus eingerichtet; Nächtigungsmöglichkeiten gibt es nur in Ausnahmefällen.

Wandern mit Kindern
Grundsätzlich eignen sich alle in diesem Wanderführer vorgestellten Touren auch für Kinder. Zu berücksichtigen sind jedoch Weglängen, Gehzeiten und Höhenunterschiede als wesentliche Kriterien, damit Kinder an der ihnen jeweils zugemuteten Wanderung entsprechend Freude haben.

Die Ost-Steiermark ...

... erstreckt sich – topografisch bewertet – in Nord-Süd-Richtung über eine Luftlinien-Distanz von rund 100 Kilometern, konkret vom Höhenzug der Fischbacher Alpen über das Oststeirische Hügelland bis in das Murfeld bzw. bis an die Staatsgrenze Österreich/Slowenien und somit auch in die »südöstlichste Ecke der Steiermark«.
In West-Ost-Richtung erstreckt sich die Ost-Steiermark – wiederum rein topografisch bewertet und daher das Oststeirische Hügelland einschließend – mit durchschnittlich jeweils 50 Luftlinien-Kilometern von der Mur (»Österreichs längster Fluss«) bis zur Landesgrenze Steiermark/Niederösterreich – welche entlang des Wechselgebirges verläuft – sowie bis an die Lafnitz (Landesgrenze Steiermark/Burgenland) und bis an das mäanderreiche Grenzbächlein namens Kuschenitza, wo die Staatsgrenze Österreichs wiederum an Slowenien stößt.
Das Relief der Ost-Steiermark zeigt sich so, dass alle deren namhaften Flüsse und Bäche in Nord-Süd- bzw. Nord-Südost-Richtung fließen. Die Ilz, die Feistritz, die Safen und auch die Lafnitz münden jeweils in die Raab; diese fließt durch Westungarn zur Stadt Györ (= Raab) und mündet hier in die Donau. Hingegen entwässern alle südlich des Raabtales abfließenden Bäche – wie beispielsweise der Mettersbach, der Saßbach, der Gnasbach und auch das Grenzbächlein Kuschenitza – zur Mur; diese mündet erst östlich des Dorfes Legrad und folglich auf kroatischem Territorium in die Drau.

Im Relief der Ost-Steiermark dominiert das Oststeirische Hügelland; dessen Hänge und Höhenrücken stellen sich als insgesamt üppig gedeihendes Kulturland dar; die vom Almenland über das Apfelland sowie aus der Energieregion über das Vulkanland bis ins Radkersburger Teich- und Hügelland reichende Landschaft hält, was deren regionale Namen versprechen.
Der alpine Landschafts-Charakter beschränkt sich auf das Oststeirische Randgebirge: Die Fischbacher Alpen (höchster

Herbstzeit – Wanderzeit – Weinzeit.

Gipfel: Stuhleck, 1782 m), das Wechselgebirge (Hochwechsel, 1743 m) und das Almenland (Hochlantsch, 1720 m) sind ansehnliche Wandergebiete; diese aufzusuchen lohnt während gar aller Jahreszeiten.

Die drei großen Regionen

A. Nördliche Ost-Steiermark

Diese umfasst die Verwaltungsbezirke Hartberg (Autokennzeichen-Kürzel HB) und Weiz (WZ); diese beiden Bezirke sind wiederum touristisch untergliedert, und zwar in folgende sieben Gebiete (von Norden nach Süden):
Naturpark Almenland (WZ); Tour 1
Wechselland (HB); Touren 2–4
Joglland (HB); Touren 5–12
Naturpark Pöllauer Tal (HB); Tour 13
Hartberger Land (HB); Touren 14 und 15
Apfelland/Stubenbergsee (WZ); Tour 16
Energieregion Weiz/Gleisdorf (WZ); Tour 17

B. Steirisches Thermenland

Dieses umfasst schwerpunktgemäß die Thermen sowie die dazu gehörenden Orte samt deren Umgebung. Gereiht von Norden nach Süden gibt es folgende Thermen-Orte:
Sebersdorf (Verwaltungsbezirk Hartberg/HB); Tour 18
Bad Waltersdorf (HB); Touren 19–21
Bad Blumau (Fürstenfeld/FF); Touren 22 und 23
Loipersdorf (FF); Touren 24–28
Bad Gleichenberg (Feldbach/FB); Touren 29–31
Bad Radkersburg (Bad Radkersburg/RA); Touren 32 und 33

C. Steirisches Vulkanland

Das »Steirische Vulkanland« wurde als potenzielle Vermarktungsgruppe ins Leben gerufen; mittlerweile beteiligt sich die Zentrale der Vulkanland-Region mit vielen nachhaltig wirksamen Projekten, unter anderem mit der Installation des flächendeckenden, thematisierten Wanderwege-Netzwerkes »Auf den Spuren der Vulkane« und stärkt damit die touristisch relevanten Leiteinrichtungen in hohem Maße. Siehe Touren 34–45.
Das Steirische Vulkanland koordiniert sich mit dem Steirischen Thermenland innerhalb der beiden Bezirke Feldbach (FB) und Bad Radkersburg (RA). Integriert ist im Steirischen Vulkanland auch die Kleinregion Radkersburger Teich- und Hügelland. Darin sind folgende zwölf Gemeinden vereint:
Bierbaum, Deutsch Goritz, Dietersdorf, Eichfeld, Gosdorf, Mettersdorf am Saßbach, Mureck, Murfeld, St. Peter am Ottersbach, Ratschendorf, Trössing und Weinburg.
Alle genannten Gemeinden gehören verwaltungsmäßig zum Bezirk Bad Radkersburg (RA). Siehe Touren 46–50.

Informationen und Adressen

Vorwahl aus dem Ausland nach Österreich: 0043, die Null bei der Ortsvorwahl entfällt.
- Tourismus-Regionalverband Ost-Steiermark:
  Radersdorf 75, A-8263 Großwilfersdorf; ✆ 03385/21090, Fax DW 25; E-Mail: info@oststeiermark.com; www.oststeiermark.com
- Tourismusverband Steirisches Thermenland:
  Radersdorf 75, A-8263 Großwilfersdorf; ✆ 03385/66040, Fax DW 20; E-Mail: info@thermenland.at; www.thermenland.at
- Steirisches Vulkanland:
  Dörfl 2, A-8330 Kornberg; ✆ 03152/8380-0, Fax -4; E-Mail: office@vulkanland.at; www.vulkanland.at

Alle Thermen in der Ost-Steiermark
Reihenfolge: von Nord nach Süd
- H2O-Hotel-Therme-Ressort Sebersdorf: ✆ 03333/22144-0; www.hotel-therme.at
- Heiltherme Bad Waltersdorf: ✆ 03333/500-940; www.heiltherme.at
- Rogner-Bad Blumau: ✆ 03383/5100-9801; www.blumau.com
- Thermalquelle Loipersdorf: ✆ 03382/8204-87; www.therme.at
- Kurtherme Bad Gleichenberg: ✆ 03159/2294-0; www.kurtherme.at
- Parktherme Bad Radkersburg: ✆ 03476/2677; www.parktherme.at

Im südöstlichsten Teil der Steiermark: die Parktherme Bad Radkersburg (Tour 32).

Rarität in den Mur-Auen: der Meilenstein beim Grenzstein 33 (Tour 50).

Achtung, Staatsgrenze!
Die Staatsgrenze zwischen Österreich und Slowenien darf im Abschnitt Spielfeld – Bad Radkersburg – Dreiländerecke bei St. Anna am Aigen nur an den offiziellen Grenzübertrittstellen und nur mit einem gültigen Reisedokument überquert werden.
Auch ist zu beachten, dass einige Grenzübertrittstellen nur dem sogenannten »Kleinen Grenzverkehr« dienen, das heißt, nur solche Personen, welche im Grenzbezirk wohnen, dürfen diese sogenannten »Kleinen Grenzübertrittstellen« benutzen. Es gelten die aktuellen Verordnungen bzw. Kundmachungen. Diese Regelung gilt bis zum Wirksamwerden der neuen Außengrenzen nach dem Schengener Abkommen.

Wandern mit Bus und Bahn – Öffentlicher Verkehr (ÖV)
Die Steirische Verkehrsverbundgesellschaft achtet darauf, dass im Sinne der Tourismus-Philosophie »Wandern mit Bus und Bahn« Zugverbindungen und Buslinien erhalten bleiben, mitunter gar zusätzlich geschaffen werden. Unabhängig davon ist die Ost-Steiermark aufgrund der Topografie und vor allem aufgrund der kleinstrukturierten Siedlungsräume eher nur punktuell in das ÖV-System einbindbar. Als alternative Lösung bietet sich à la longue an, mit Hilfe politischen Willens ein Rufbus-System zu installieren.

Verkehr

Autobahnen

A2 Südautobahn (Wien – Hartberg – Bad Waltersdorf/Sebersdorf – Ilz/Fürstenfeld – Gleisdorf – Graz – Klagenfurt – Villach – Arnoldstein, Staatsgrenze A/I).
A9 Pyhrnautobahn (Linz/Wels/Voralpenkreuz – Selzthal – St. Michael – Graz – Leibnitz – Vogau – Gersdorf – Spielfeld, Staatsgrenze A/SLO).

Eisenbahnlinien

Etliche Bahnstationen eignen sich als Ausgangs- bzw. Zielpunkt für Spaziergänge und Wanderungen; siehe die Touren 4, 14, 22, 28–33, 36, 38, 48–50.
Verbundlinie R501, Südbahn (ÖBB): Mürzzuschlag – Bruck an der Mur – Graz Hbf – Leibnitz – Spielfeld-Straß, 142 km.
Verbundlinie R530, Thermenbahn (ÖBB):
Graz Hbf – Gleisdorf – Feldbach – Fehring – Jennersdorf – Szentgotthárd/St. Gotthard (H), 132 km.
Verbundlinie R530, Thermenbahn/R520, Aspangbahn (ÖBB):
Graz Hbf – Gleisdorf – Feldbach – Fehring – Fürstenfeld – Bad Blumau – Bad Waltersdorf – Hartberg – Friedberg – Wiener Neustadt Hbf.
Verbundlinie R531, Weizer Bahn (STLB): Gleisdorf – St. Ruprecht an der Raab – Weiz, 16 km. Es verkehren auch Züge Graz – Weiz – Graz. Auf der Weizer Strecke verkehren an Sonn- und Feiertagen nur Busse.
Verbundlinie R532, Gleichenberger Bahn (STLB):
Feldbach – Gnas – Bad Gleichenberg, 22 km; Züge verkehren täglich. Die Gleichenberger Bahn weist Streckenneigungen bis zu 42 Promille auf und zählt zu den steilsten Adhäsions- bzw. Reibungsbahnen im Alpenraum.
Verbundlinie R560, Radkersburger Bahn (ÖBB):
Spielfeld-Straß – Mureck – Gosdorf – Bad Radkersburg, 31 km. An Werktagen (Mo-Fr) verkehren auch Züge ab/bis Graz Hbf.

Regionalbuslinien

An Werktagen und insbesondere an Schultagen sind faktisch alle Orte per Bus erreichbar. An Wochenenden und Feiertagen werden nur die sogenannten »starken Linien« bedient (siehe Touren 1, 4–9, 13, 14, 17, 21, 22, 24–26, 29–33, 36, 42, 43, 46–50):
200/201: Graz – Mitterdorf – Gschwendt – Weiz – Anger – Birkfeld – Feistritzwald
202: Gleisdorf – Weiz.
205: Weiz – St. Kathrein am Offenegg – Sommeralm – Teichalm.
233: Hartberg – Flattendorf – Pöllau bei Hartberg – Birkfeld.
300/301: Graz – Hartberg – Pinggau.
310: Graz – Hartberg – Oberwart (Burgenland) – Bad Tatzmannsdorf (B).
314: Hartberg – Rohrbach an der Lafnitz – Festenburg – Waldbach – St. Jakob im Walde – Wenigzell.
331: Graz – Gleisdorf – Bad Waltersdorf – Neudau.
360: Graz – Ries – Eggersdorf – Gleisdorf.
400: Graz – Gleisdorf – Feldbach – Bad Gleichenberg – Bairisch Kölldorf.
406: Feldbach – Riegersburg – Walkersdorf – Breitenfeld/Rittschein.
416: Feldbach – Bad Gleichenberg – Straden – Bad Radkersburg.
460: Graz – Gleisdorf – Ottendorf an der Rittschein – Riegersburg.
470/486: Graz – Gleisdorf – Ilz – Fürstenfeld – Loipersdorf – Jennersdorf (B).
560: Graz – Heiligenkreuz am Waasen – Kirchbach in Steiermark – St. Stefan im Rosental – St. Peter am Ottersbach.
600: Graz – Leibnitz – Spielfeld – Mureck – Bad Radkersburg.

Ausflüge mit Bus und Bahn beginnen am Bildschirm

Unter der Internet-Adresse bus-bahnbim.at gibt es für das Bundesland Steiermark flächendeckend alle Fahrplanauskünfte zu den Verkehrsmitteln Bus, Zug und Straßenbahn – die »Bim«.

Das Auskunftssystem wurde vom Steirischen Verkehrsverbund installiert und gilt als derzeit modernstes Auskunftssystem in Österreich.

Die Eingaben erfolgen in denkbar einfacher Weise für Verbindungen faktisch »von Haustür zu Haustür«.

Die Ost-Steiermark blüht auf.

Verbund-Folderserie »Wandern mit Bus und Bahn«

Mittlerweile gibt es für die Steiermark landesweit über 40 Wanderfolder; die Serie erhält alljährlich Zuwachs. Für die Ost-Steiermark liegen derzeit (Stand 2007) folgende Wanderfolder-Titel auf:

Nr. 40: Raabklamm
Nr. 41: Gleichenberger Bahn-Wanderweg
Nr. 42: Zur Aussichtswarte auf dem Kleeberg
Nr. 43: Aus dem Raabtal zur Riegersburg
Nr. 44: Au- und Uferwege von Spielfeld nach Mureck

Freizeitbroschüren:

Nr. 530-2: Entlang der Raab
Nr. 532-2: Wandern mit der Gleichenberger Bahn

Alle Folder sind kostenlos erhältlich. Versand über Mobil Zentral in Graz.

P+R-Plätze an Bahnstationen

Auch Park & Ride ermöglicht »Wandern mit Bus und Bahn«; in diesem Fall legt man meist nur eine Strecke per Bus bzw. per Zug zurück: entweder vom P+R-Platz zum Ausgangspunkt oder vom Zielpunkt zurück zum P+R-Platz. Die P+R-Plätze liegen an Bahnhöfen und sind kostenlos benutzbar.

Informationen zum Öffentlichen Verkehr (ÖV) in der Steiermark

- Steirische Verkehrsverbundgesellschaft: Keesgasse 5, 8010 Graz; www.verbundlinie.at
- Verbund-Fahrplanauskünfte im Internet: busbahnbim.at
- Mobilitätsberatung und Tickets: Mobil Zentral, Jakoministraße 1, 8010 Graz; Bürodienst: Mo–Fr 8–18 Uhr und Sa 9–13 Uhr; Telefondienst: Mo–Fr 7–19 Uhr und Sa 9–13 Uhr, ℂ 0316/820606; Fax 0316/820606-82; E-Mail: service@mobilzentral.at; www.mobilzentral.at

Zeitgenössische Keramik: bei der Töpferei gegenüber der Kirche in Stein (Tour 24).

- Steiermärkische Landesbahnen (STLB): Direktion, Eggenberger Straße 20, 8020 Graz, ✆ 0316/812581; www.stlb.at
- Österreichische Bundesbahnen (ÖBB): Kostenlose Auskünfte zu Bahn, BahnBus, Post.Bus täglich 0–24 Uhr, ✆ 05-1717, österreichweit zum Ortstarif (auch aus dem Ausland); www.oebb.at

Das Verbund-»Freizeitticket«

Während der Sommerferien (Anfang Juli bis um Mitte September) können in der Steiermark an Wochenenden landesweit alle Regional- und Eilzüge sowie alle Regionalbusse und Stadtverkehre zu einem extra günstigen Pauschal-Fahrpreis (ca. 10 €) einen Tag lang benutzt werden. Gegen Aufzahlung (»IC-Freizeitticket«) sind auch IC- und EC-Züge miteinbezogen. Das »Freizeitticket« gilt an Samstagen, Sonn- und Feiertagen, jeweils 24 Stunden, für bis zu zwei Erwachsene mit bis zu vier Kindern.

Verkehrsverbund Steiermark

Der Steirische Verkehrsverbund gilt für das gesamte Bundesland Steiermark (Gesamtfläche rund 16.400 km^2). Alle Busse und Züge (auch IC, EC) können mit dem Verkehrsverbund-Ticket benutzt werden. Angeboten werden Stundenkarten, 10-Zonen-, 24-Stunden-, Wochen-, Monats-, Halbjahres- und Jahreskarten.
Tarifzonenpläne sind erhältlich u.a. bei Mobil Zentral in Graz. Internet: www.mobilzentral.at; www.verbundlinie.at

1 Sommeralm und Plankogel, 1531 m

 4.30 Std.

Panorama-Wanderungen im »Naturpark Almenland«

Die Teichalm und die Sommeralm bilden gemeinsam das »größte zusammenhängende und bewirtschaftete Almgebiet Österreichs«. Dieser Superlativ reflektiert erst einen Bruchteil des wahren, das heißt ideellen Landschaftswertes. Schließlich ist dasselbe Almenland ein Ganzjahresziel, denn die Bewegungsfreiheiten reichen vom Schlendern über Wiesenteppiche bis zu stundenlangen Wanderungen entlang jener Höhenrücken, welche das in einer Seehöhe zwischen 1200 m und 1500 m liegende, durchwegs sanft geformte Almgelände umgrenzen. Dessen jüngste Auszeichnung dokumentiert sich folgend: Seit 17. 6. 2007 trägt die Region Almenland das Prädikat »Naturpark«.

Talort: Fladnitz an der Teichalm, 694 m. Anfahrt aus Richtung Graz über Frohnleiten und Rechberg.
Ausgangspunkt: Gasthaus Holzmeister (R: Do), 1230 m, ca. 8 km nördlich von Fladnitz.
Höhenunterschied: Insgesamt 370 m.
Anforderungen: Sanft geneigtes Almgelände, mit wenigen Waldpassagen; Strecke markiert und beschildert. Entlang des »Almenweges« zusätzlich Übersichtstafeln und spezielle Beschilderung.
Einkehr: Gasthaus Stoakoglhütte (Mai–Okt. durchgehend geöffnet, Dez.–März Do–So), Gaststätten auf der Sommeralm.
Varianten: A. Von der Stoakoglhütte auf den Streberkogel, 1447 m. Abstieg nach dem viereckigen Waldstück zur Sommeralmstraße; parallel zu dieser auf einem Steig über die Saualm zurück; 1 Std.
B: Vom Schwoabauerkreuz auf Weg 754 zum Raab-Ursprung, 1080 m; Gehzeit hin und zurück 40 Min.
Tipp: Das »Windradl« am Plankogel, die »höchstgelegene netzgekoppelte Windkraftanlage Europas« wurde am 5. Juni 1999 eröffnet. Hervorragender Aussichtsplatz, speziell zum Sonnenuntergang.

Im Naturpark Almenland: leichtes Wandern auch rund um den Plankogel.

Ab dem **Gasthaus Holzmeister** leiten die Wege 02 und 745 an der Südseite des Mooskogels sanft ansteigend bergwärts. Man überquert eine Lifttrasse und gelangt allmählich in das Gelände der Kerschbaumeralm. Nun in der Südseite des angrenzenden Kulmkogels bergan zum Wallfahrerkreuz, 1350 m. Dem Höhenrücken folgend zum **Kerschbaumgatterl**. Anschließend gelangt man zu einer Quelle (»Kaltenbrunn«), alsbald danach in das Weidegelände der Sommeralm und steigt beliebig an zum **Plankogel**; Gipfelkreuz von der Bergrettungs-Ortsstelle Weiz. Entlang eines Zaunes wandert man ostwärts hinunter zur **Stoakoglhütte**; Wendepunkt.

Der **Rückweg** leitet am südseitigen Fuß des Plankogels zum Windrad und von diesem zum Straßensattel auf der **Sommeralm**; großer Wegweiser der Alpenvereinssektion Mixnitz. Im anschließenden Abschnitt führt der »Almenweg« bzw. Weg Nr. 45 in Richtung Siebenkögel: Man geht um den Saukogel eben herum, sodann leicht bergan zu den drei **Wetterkreuzen** und durch anmutiges Gelände zur Bergstation des **Pirstingerliftes**. Allmählich etwas steiler bergab in den Sattel beim **Schwoabauerkreuz**, abwärts zum Mixnitzbach – und schon steht man wieder vor dem **Gasthaus Holzmeister**.

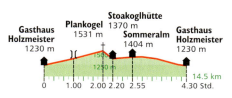

2 Auf den Hochwechsel, 1743 m

5.30 Std.

Bedachtsam empor zu einem starken Zeichen des Friedens

Das Wechselgebirge bildet die nordöstliche Grenze zwischen Niederösterreich und der Steiermark. Auf der breiten Gipfelkuppe steht wortecht als Spitze – und deshalb weithin sichtbar – die im Jahr 1968 erbaute, frei zugängliche Gedächtniskapelle. Sie wurde für die Gefallenen und Opfer aller Kriege errichtet, explizit als »Mahnmal des Friedenswillens und der Völkerverständigung«. War doch das am sogenannten »Hofzaun des Reiches« hart anliegende Grenzland während rund 1000 Jahren immer wieder von verheerenden Kampfhandlungen heimgesucht worden; beginnend mit den Türkeneinfällen im Jahre 1532 über die Napoleonischen Kriege bis zur Bitternis am Ende im Zweiten Weltkrieg: Innerhalb der Zeitspanne von Anfang April bis zum Kapitulationstag 8. Mai 1945 war jedes Dorf auch im Wechselland ruiniert.

Die religiösen Motive im Innenteil der Gedächtniskapelle wurden vom Akademischen Maler Franz Weiß (Bärnbach) und von Franz Dampfhofer gestaltet. Auch die an eine Holz-Innenwand gemalte Schutzmantel-Madonna stammt von Franz Weiß. Der so robust wie legendär wirkende Künstler Paul Kassecker (Aflenz-Kurort) schuf den Korpus »Christus, der Auferstandene«.

Stundenlang über hohe Almböden: Vom Hochwechsel südwärts zum Niederwechsel.

Talort: Mönichwald, 574 m. Anfahrt durch das Lafnitztal.
Ausgangspunkt: Die Gasthäuser Schwengerer, 990 m, bzw. Spitzbauer, 1000 m. Ab Mönichwald 8 km Bergstraße nach Norden.
Höhenunterschied: 750 m.
Anforderungen: Markierte Wege; Waldgrenze teils in 1400 m Höhe, anschließend weitläufiges Almgelände. Wegverlauf stellenweise mit der Almstraße identisch; Ausweichmöglichkeiten nutzen!
Einkehr: Die Gasthäuser Spitzbauer (ganzjährig) und Schwengerer (Dez.–Okt.), Wetterkoglerhaus (Mai–Okt.), Almwirtschaft Kaltwiesenhütte (Mai–Okt.), Mönichwalder Schwaig (Dez.–Okt.).
Variante: Gmoakreuz – Rablkreuzhütte, Gehzeit 15 Min., ca. 1 km.

Vom **Gasthof Schwengerer** am sonnseitigen Wiesenhang zum benachbarten Gasthaus Gaugl vulgo **Spitzbauer**. An der Hochwechselstraße bergan zur großen Rechtskurve. Ab dieser nun jedoch auf der Forststraße, welche identisch ist mit dem WW 07, zum **Gemeindekreuz** (auch Gmeinkreuz oder Gmoakreuz genannt). Man folgt der Mautstraße ca. 1 km. Aus einer Kehre führt der Wanderweg geradewegs ins Almgelände und zur **Kaltwiesenhütte**; diese steht auf einem idyllischen Almgrundstück. Im sanft geformten Gelände über weite Almböden bergan zum höchsten Punkt auf dem **Hochwechsel**: Die **Gedächtniskapelle** und das **Wetterkoglerhaus** stehen nicht weit voneinander entfernt.

Hochwechsel: das sakrale Zeichen des Friedens.

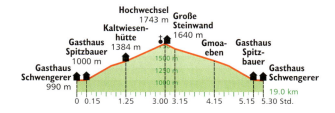

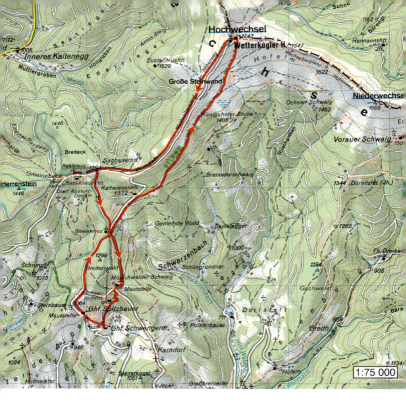

Abstieg: Ab der Gedächtniskapelle entlang des südwestseitigen Geländerückens zur **Großen Steinwand**; anschließend so gut wie möglich abseits der Almstraße abwärts. Man gelangt zum Mautstraßen-Kreuzungsbereich auf der **Gmoaeben**, wo man links bzw. südwärts abzweigt. (Zur Orientierung: Das Rablkreuz ist ca. 400 m entfernt und steht an der geradeaus bzw. Richtung Breitenbrunn führenden Mautstraße.) Ab der vorhin erwähnten Gabelung geht man nun an der in Richtung Mönichwalder Schwaig führenden Mautstraße weiter, jedoch nur wenige Schritte: Rechter Hand zweigt eine Forststraße ab; auf dieser erreicht man wieder das **Gemeindekreuz**. Im Weiteren entweder entlang der Mautstraße; sie führt zum Gasthaus **Mönichwalder Schwaig** (Mautstelle). Oder man folgt der Anstiegsroute und geht daher direkt zurück zum Ausgangspunkt beim **Spitzbauer** bzw. **Schwengerer**.

4.30 Std.

Rund um den Hochkogel, 1314 m — 3

Das Gehöft Koglbauer liegt an einem Spitzenplatz

In diesem südlichen Teilbereich des Wechsellandes setzt sich das landschaftstypische Gepräge aus sich fein ergänzenden Komponenten zusammen: Weites Grünland, breite Waldgürtel und die Höhenlage zwischen 700 m und 1300 m sind die verlässlichen Voraussetzungen für diese überaus angenehme Klimazone. Zu allen Jahreszeiten. Dass beim Koglbauer schon lange Zeit kein Einkehren mehr möglich ist, muss die Bäuerin immer wieder erklären: Wanderkarten haben ein zähes Leben. Aber unverändert hat sich erhalten: Das Gehöft Koglbauer liegt an einem Spitzenplatz und diesen muss man unbedingt erleben.

Ausgangspunkt: St. Lorenzen am Wechsel, 728 m, Gasthaus St. Lorenzer Hof. Anfahrt über die B 54 nach Schlag bei Thalberg, ab hier 9 km Bergstraße nach St. Lorenzen.
Höhenunterschied: 600 m.
Anforderungen: Großteils Waldwege und Waldsteige, auch Forst- und Asphaltstraßen; durchwegs markiert.
Einkehr: Unterwegs keine. Jedoch an der Variante: Almwirtschaft Vorauer Schwaig, bewirtschaftet zur Weidezeit.
Variante: Thalberger Schwaig – Vorauer Schwaig (1509 m); hin und zurück 3 Std. bzw. 11 km, ca. 230 Höhenmeter; Weg Nr. 927.
Tipp: Besichtigung des Gehöftes Binder vulgo Höller, dieses ist als »Schule am Bauernhof« eingerichtet; davor liegt ein frei benutzbarer Rastplatz.

Aus der Ortsmitte des Bergdorfes **St. Lorenzen** leitet die Markierung entlang der Straße bergan zum Sportplatz; Weggabelung. Linkshaltend, erst dem Weg 925, dann Weg 936 folgend, zum Wechselland-Parcours. Auf einem Waldsteig geradewegs bergan. In ca. 1000 m Höhe erreicht man den Weg 26; man folgt nun diesem nach links und quert, halbwegs eben, entlang eines sonnseitigen Hanges zum **Gehöft Koglbauer**. An der Stichstraße bergan zum Wegweiser »Wanderweg zum rauschenden Bacherl«: Dieser gut trassierte Steig mündet in den Weg 936 ein; somit hat man eine empfehlenswerte Schleife zurückgelegt.

Die Einstimmung: aus Richtung Hohenau zum Hochkogel.

Nun, wieder dem Weg 936 folgend, durch Waldgelände bergan. Man überquert mehrere Male eine Forststraße und kommt schließlich – nächst dem Lorenzkogel, 1353 m – an einen Almsattel heran; dieser wird links umgangen. Der Weg 936 endet an der **Thalberger Schwaig**; deren Almhütten sind jedoch nicht bewirtschaftet.

Wer daher die faktisch in Sichtweite liegende Thalberger Schwaig auslassen will, achtet ca. 500 m davor auf folgende Weggabelung: Ein angenehm begehbarer Waldpfad leitet in Richtung **Hochkogel**: Zunächst geht man an dessen Nordwestseite halbwegs eben, dann leicht bergab zu jener Forststraße, welche von der Thalberger Schwaig heranführt. Man folgt derselben Forststraße nun an der Nordseite des Hochkogel – dessen bewaldete Gipfelkuppe nur wenig höher liegt, dennoch nicht betreten wird – nur so weit, bis rechter Hand der nächste Waldsteig ansetzt; dieser leitet ostwärts und

somit zum idyllischen Rastplatz bei den **Wetterkreuzen**. Hier überquert man eine Forststraße. Auf einem breiten Waldweg und in zwei großen Schleifen bergab zur Häusergruppe in **Hohenau**: Gegenüber dem ersten Haus (Nr. 29) ist ein Rastplatz samt Brunnen eingerichtet. Die Familie Dienbauer, welcher diese Parzelle gehört, beweist Großzügigkeit: Auch Wandergäste dürfen diese auf Privatgrund liegende Einheit für ein Abrasten gern nutzen.

An der Straße hält man sich rechts, geht leicht bergan und biegt unmittelbar nach dem **Reitererhaus** links in den Weg 31 ab. Dieser Waldsteig mündet beim **Gehöft Schützenhöfer** in eine Flurstraße. An ihr entlang bzw. den Wegnummern 07A und 936 folgend zum **Gehöft Höller**; die dazu gehörende Kapelle wird Höllerkreuz genannt. Die Flurstraße bzw. die Wanderroute leiten in sonnenreicher Höhenlage westwärts zum **Gehöft Koller** und von diesem bergab zum Sportplatz. Nun noch kurz abwärts in das Dorf **St. Lorenzen**.

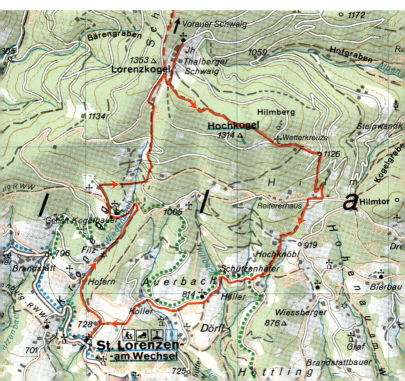

4 Von Friedberg zum Hilmtor, 997 m

3.45 Std.

Der Weiler Schwaighof bietet Fern-Sehen auf Pannonien

Der schmucke Weiler Schwaighof ermöglicht eine wortrecht noble Perspektive: Über das Pinkatal blickend, streift jedes Augenpaar geduldig den weiten pannonischen Raum. Dieser erstreckt sich auch entlang der mäanderreichen Lafnitz; sie bildet ab dem Ort Lafnitz bis zur Dobersdorfer Mühle (in der Höhe von Loipersdorf) die Landesgrenze zwischen dem südlichen Burgenland und diesem gut 40 Luftlinien-Kilometer langen Abschnitt der Ost-Steiermark. Der Kontrast: Oberhalb von Schwaighof, gegen Nordwesten und Nordosten zu, tasten Augenpaare all die weitläufigen Bergrücken und Hügelketten ab, deren Reliefs das Wechselland so anmutig gestalten.

Ausgangspunkt: Friedberg, 600 m, Hauptplatz. Anfahrt: A 2, Exit Friedberg/Pinggau. Mit der Thermenbahn aus Richtung Graz und Wien.
Höhenunterschied: 400 m.
Anforderungen: Wald- und Flurwege sowie Forst- und Asphaltstraßen; durchgehend markiert und beschildert.
Einkehr: In Schwaighof Gasthaus Ringhofer (R: Mo) und Gasthaus Panoramastüberl.
Tipp: Zentrum von Friedberg (Stadtrecht datiert von 1194). – Partnerschaft mit dem schwäbischen Friedberg bei Augsburg.

Ab dem Hauptplatz in **Friedberg** folgt man der Anton-Bauer-Gasse zum Beginn der Wanderwege (Tafel: »Rotes Kreuz«). Den Wanderwegen 927 und 936 folgend – dabei am Senioren- und Pflegewohnhaus der Caritas vorbei –, gelangt man in den **Bärengraben** und aus diesem links bergan in den

Wechselland und Joglland: von Friedberg zum Masenberg.

schmuck situierten Weiler **Schwaighof**. Ab dem **Gasthaus Ringhofer** an der Asphaltstraße zur Weggabelung bei der Kapelle. Nun linker Hand die Straße bergan (der Weg 936 zweigt westwärts in Richtung St. Lorenzen am Wechsel ab). Vorbei an einem Hochbehälter zum **Gasthaus Panoramastüberl**. Nach dem Ortsende zweigt der Wanderweg 927, welchem man folgt, von der Straße ab: Ein schöner, 2 km langer Wanderweg führt über Wiesenflächen und durch Waldgelände zu den **Drei Häusern**. Von hier verbindet eine ebene Asphaltstraße zu dem mit **Hilmtor** bezeichneten Sattel; darin gabeln sich mehrere Wanderwege.

Rückweg: Der Weg Nr. 11 ist zunächst identisch mit der durch Wald führenden Straße; diese leitet über eine schwach ausgeprägte Kuppe. Man zweigt jedoch alsbald links ab. Aus dem Waldgelände gelangt man schließlich zu einem ostseitig liegenden Wiesenhang und steigt über diesen ab zum **Wagnerkreuz**; der Bildstock wurde von der Bergwacht Friedberg im Jahre 1965 neu errichtet und trägt folgendes Zitat des seinerzeit auf der Festenburg beheimateten Dichters und Pfarrers Ottokar Kernstock: »Mach's wie die Berge, wenn die Stürme toben: Steh' fest im Grunde und schau' fromm nach oben.«

Der Weg 938 leitet oberhalb des **Bärengrabens** und durchwegs parallel zu diesem zunächst entlang einer Flurstraße südwärts. Anschließend auf einem Waldweg bzw. auf Flurwegen talwärts nach **Friedberg**.

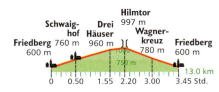

5 Der Kraftpfad im Jogllland

4.00 Std.

Eine Zeitreise durch 15 Milliarden Jahre

Dieser Themenweg – er wurde am 12. Juni 1999 eröffnet und verkörpert aufgrund seines Alters eine Art Pionierleistung – verbindet die beiden »Kraftspende-Dörfer« Wenigzell und St. Jakob im Walde. Der Kraftpfad ermöglicht eine Reise durch die Zeit: Ausgehend von der Entstehung unseres Universums durchwandert man anhand spezieller Themen die Vergangenheit und dringt aus der Gegenwart gar auch in die Zukunft vor. Alles hochinteressant.

Ausgangspunkt: Wenigzell, 831 m, Ortsmitte, Gasthof Fast. Anfahrt: aus Richtung Graz über Weiz – Birkfeld – Miesenbach; aus dem Mürztal über das Alpl und über St. Kathrein am Hauenstein – Ratten, aus Richtung Hartberg (Exit von A 2) über Rohrbach an der Lafnitz und durch das obere Lafnitztal.
Höhenunterschied: Insgesamt 450 m.
Anforderungen: Strecke führt mehrere Male bergab, bergauf. Kraftpfad speziell beschildert; Rückweg markiert.
Einkehr: In St. Jakob Gasthaus Lueger (R: Di), Gasthaus Pink (R: Mo), Gasthaus Posch (R: Mi).

In der Ortsmitte von **Wenigzell** bzw. unweit der Pension Christina beginnt der Kraftpfad. Dieser leitet durch einen besonders schönen Teil der für das Joglland gleichermaßen typischen wie reichhaltigen Kulturlandschaft. Die Wegstrecke verläuft reichlich bergab, bergauf und bergauf, bergab. Man durchquert Waldstücke, erreicht kleine Geländekuppen und schreitet entlang von Wiesenrainen. Flur- und Waldwege leiten schließlich an den tief eingeschnittenen **Waldbach** heran. Bis hierher informieren die Stationen 1–10 über die Kraft: der Sterne, der Erde, des Lebens, des

Kraft schöpfen entlang der »Joglland-Roas«: von Wenigzell nach St. Jakob im Walde.

Wortes, des Bodens, der Träume, der Mythen, des Geistes, der Unsterblichkeit, der Zeit – und natürlich auch über die Kraft der Liebe. An jeder der vorhin genannten Stationen sind auf solid gestalteten Bildtafeln informative Texte zu den jeweiligen Themen nachzulesen.

Anschließend leitet der Kraftpfad entlang den Stationen 12–15; diese heißen: Kraft des Glaubens, Kraft der Vernunft, Kraft der Heimat und Kraft der Zukunft.

Durch das sonnseitig liegende Grabenviertel allmählich bergan steigend, gelangt man in die Dorfmitte des Erholungsortes **St. Jakob im Walde**.

Rückweg: Entlang der Wegnummer 913 absteigend zum **Waldbach** und inmitten eines breiten Waldgürtels bergan. **Am Rain** wiederum zum Kraftpfad; an diesem entlang zurück nach **Wenigzell**.

6 Wenigzeller Barfußpark und die Bratl-Alm

2.15 Std.

Wortecht hautnah den Boden fühlen

Im Ort Wenigzell verbinden und verbünden sich Ausflugsgäste jeder Altersgruppe in gruppendynamisch bemerkenswerter Weise: Von ansteckender Heiterkeit begleitet, entledigt sich jeder seiner Schuhe, stellt diese in einem Schrank ab und – wenige Augenblicke später – tastet ein jeder mit bloßen Füßen über einen Streifen speziell gestalteten Bodens: Dessen Oberfläche besteht wechselweise aus Gras, Schotter, Lehm, Kiesel, Fichtennadeln und anderen Materialien. Die bemerkenswerte Nebenwirkung aus diesem gemeinsamen Barfuß-Gehen-Erlebnis: eine schöne Zeit lang unbeschwert sein dürfen von allen Zwängen. Der erfolgreiche Abschluss wird gern auf der Bratl-Alm gefeiert.

Ausgangspunkt: Wenigzell, 831 m, Ortsmitte, Gasthof Fast. Anfahrt: siehe Tour 5.
Höhenunterschied: 140 m.
Anforderungen: Am Weg zur Bratl-Alm Flur- und Waldwege, auch ein Stück Asphaltstraße und ein Gehsteig.
Einkehr: Almheuriger Bratl-Alm (geöffnet ab 14 Uhr, R: Mo, Di).

Variante: Von der Bratl-Alm kürzer zurück nach Wenigzell auf der asphaltierten Alm-Zufahrtsstraße (knapp 2 km).
Zusatzstrecken: Beschilderte Nordic-Walking-Strecken – Nr. 1 Tota-Magos-Trail: 13,4 km; Nr. 2 Lupinen-Trail: 5,3 km; Nr. 3 Tut-mir-gut-Trail: 7,7 km.
Info-Tafel gegenüber dem Feuerwehr-Rüsthaus, am Zugang zum Barfußpark.

Nächst dem Rüsthaus in **Wenigzell** erreicht man das sogenannte Starthaus; hier werden die Schuhe in verschließbaren Kästchen deponiert. Der **Barfußweg** erweist sich als eine Abfolge verschiedener Bodenbeschaffenheit; dazu gehören u.a. Holzstöckel, Flusskies, Rindenmulch, Schönbrunner Parkkies, Torf und Basalt. Nach dem Holzpfahlweg leitet der Stiegenweg abwärts zum **Haselbach**; man watet in einer Furt und erst recht im Kneippbecken. Man setzt auf dem Bacherlweg und Waldbodenweg fort; darauf folgen die zwei »Überraschungsstationen«. Am Ziel bzw. am **Barfußpark-Ausgang** angekommen, schlüpft man wieder in seine Schuhe und begibt sich in Richtung Bratl-Alm:

Nach dem Friedhof erreicht man sogleich das **Gehöft Köberl** (»Ur-

Im Wenigzeller Barfußpark: Holzstöckel anstelle von Stöckelschuhen.

laub am Bauernhof«). Ein Wiesenweg leitet sanft bergan zum Waldrand auf der **Poihofer-Höhe**; auf diesem Aussichtsplatz stehen mehrere Rastbänke. Man folgt dem Waldrand, erreicht eine Hofzufahrt, folgt nun dieser und gelangt hinter dem Gehöft in ein Waldstück. Darin bergan zum **Gehöft Edbauer**, hier können Edelbrände verkostet werden. Man überquert die Landesstraße und geht durch ein Waldstück bergab zum nächsten Bauernhof. Ein ausgesprochen schöner Flurweg verbindet – auch durch ein kurzes Waldstück – zur **Bratl-Alm**. Deren Terrain ist so familienfreundlich gestaltet wie der Ausblick umfassend: Man fühlt sich im Zenith des Jogllandes.

Der schönere Rückweg nach Wenigzell erfolgt auf der Anstiegsstrecke. Hingegen leitet der kürzere Rückweg (im Sinne einer Rundstrecke) entlang der Alm-Zufahrtsstraße zurück in das »Kraftspende- Dorf« **Wenigzell** (Variante).

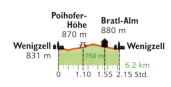

7 Toter Mann und Lafnitzegg

3.30 Std.

Eine Sage und ein Pilgerweg machen lange Beine

Die örtliche Bezeichnung »Toter Mann« kommt in dieser Region öfters vor: Derart benannt sind breite, leicht erreichbare Höhenkuppen, welche einen umfassenden Rundblick gewähren. Mündlichen Überlieferungen zufolge handelt es sich um vorchristliche Kultplätze. Auch der zwischen Wenigzell, Strallegg und Wildwiesen relativ hoch liegende Kreuzungspunkt heißt Toter Mann. Dessen Namengebung liegt eine gruselige Sage zugrunde; sie ist an Ort und Stelle nachlesbar. Im Gegensatz dazu klingt diese Rundtour eher besinnlich aus: Schlussendlich wandert man auf einem Teilstück des Barbara-Sicharter-Weges – ein Pilgerpfad – zurück nach Wenigzell.

Ausgangspunkt: Wenigzell, 831 m, Ortsmitte, Gasthof Fast. Zufahrt siehe Tour 5.
Höhenunterschied: Ca. 300 m.
Anforderungen: Waldwege, Forststraßen, Asphaltstraßen; spärlich markiert.

Einkehr: Gasthaus Berglerstub'n (R: Mo, Di).
Tipp: Das Heimatmuseum Wenigzell, geöffnet vom 1. Juli bis zum 30. September; Führungen auch nach Vereinbarung.

Vom Haselbach leicht bergan nach Wenigzell.

Aus der Dorfmitte von **Wenigzell** – der Ort wurde anno 2006 zum »Schönsten Blumendorf der Steiermark« gekürt – bergab zum **Heimatmuseum** am Haselbach; Wegtafel. Man folgt dem Weg 920 bzw. dem Hinweis »Joglland-Roas«. Entlang eines Fahrweges bergan zu einem stattlichen Gehöft im Ortsteil Pittermann (Hausnummer 16). Ein Waldweg verbindet bergan zu einer Asphaltstraße. Dieser folgt man zum **Gehöft Mosbacher** (»Urlaub am Bauernhof«). Nun auf einem Wiesengrund ansteigend, anschließend – wiederum durch Waldgelände – zum Straßensattel **Toter Mann**.
In dem mit 29 diversen Gebots-, Verbots- und Hinweistafeln »zugepflasterten« Kreuzungsbereich hält man sich links: Auf der markierten Forststraße (Mountainbike-Strecke) allmählich bergab zum **Gasthaus Berglerstub'n**. Weiterhin bergab zur nächsten Flurstraße; an deren Einmündung steht eine rot-blaue Sitzbank. Linkshaltend weiter. Gleich aus der ersten Kurve zweigt man rechts ab: Ein schmaler Waldweg führt zu Wiesenflächen hinaus; teils unter Birnbäumen schlendert man zum ersten Gehöft. Auf dessen Hofzufahrt zum Haus

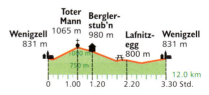

Ein verstecktes Schmuckstück: das Heimatmuseum Wenigzell.

Pittermann 133; entlang einer Obstbaumreihe zu jenem Gehöft, wo ein Naturdenkmal von Linde steht. Vom nahen Wegkreuz zur Bushaltestelle Pittermannkreuz und rechts entlang der Landesstraße, leicht bergab, zur ersten Abzweigung; hier linkshaltend zum **Weißenbach**. Über die Brücke und bergan zu einer schmucken **Anhöhe**; Rastbänke. Man folgt der Straße zur **Tischlerei Hofer**.
Unmittelbar dahinter mündet der **Barbara-Sicharter-Weg** ein (siehe Tour Nr. 10); nun folgt man diesem bis nach Wenigzell. Bereits beim nächsten Gehöft hier in **Lafnitzegg** zweigt man links ab. Ein Feldweg leitet abwärts zum Waldrand, wo eine Pilgerweg-Tafel steht (Station 6). Ab hier durch einen Weidegrund; der Hinweis »Auf eigene Gefahr!« ist zu beachten – frei nach dem Motto: Das Weidevieh nicht reizen.
Man gelangt wieder in ein Waldstück und durch dieses in eine Geländesenke am **Haselbach**. Ein Steg leitet an das linke Ufer. Von hier leicht bergan zur Pilgerweg-Tafel (Station 7). Durch idyllisches Wiesengelände führt der Steig bergan. Nach dem Gemeinde-Wirtschaftshof die Wiese aufwärts zur Station 8 und – dem »Reh-Steig« folgend – durch ein letztes Waldstück zum Ortsrand. Auf dem Gehsteig bergan in die Dorfmitte von **Wenigzell**.

4.00 Std.

Kultwanderweg um die Wildwiesen, 1274 m — 8

Zu Sonne und Mond sowie auf einen Aussichtsturm

Der im Gemeindegebiet Miesenbach liegende Kultwanderweg ist eine Rundstrecke; diese setzt sich aus dem Sonnenweg und dem Mondweg zusammen. Die Strecke führt – nomen est omen – um die kultträchtige Wildwiesen herum, freilich auch bergan und bergab.

Die populär-wissenschaftlich aufbereitete Information erfolgt an Ort und Stelle: Die Stationsbeschreibungen sind thematisiert; sie geben Auskunft zur regionalen Besiedelungsgeschichte sowie über das Brauchtum und die Kultstätten. Auch werden Sagen und Legenden nacherzählt oder erläutert. Der Mondweg enthält 18 Stationen, der Sonnenweg hat 23 Stationen; etliche Stationen haben einen gemeinsamen Standort.

Der aus verzinkten Stahlteilen gefertigte Wildwiesenturm trägt im wahren Sinne des Wortes die höchste Plattform des Jogllandes.

Talort: Miesenbach, 827 m. Anfahrt: aus Richtung Graz über Weiz – Birkfeld.
Ausgangspunkt: Gasthof Wildwiesenhof (kein R), 1080 m. Anfahrt oder Zugang ab Miesenbach 3 km bzw. 1 Std.
Höhenunterschied: Ca. 280 m.
Anforderungen: Großteils Waldwege; speziell beschildert, insgesamt 24 Info-Tafeln.
Einkehr: Jausenstation Wildwiesenhütte (in den Sommerferien durchgehend geöffnet, ansonsten an Sa, So, Fei); Variante: Gasthaus Kreuzwirt (R: Mo).
Variante: Vom Floisenkogel (Station 22, Wetterkreuz), dem Jägersteig folgend zum Gasthaus Kreuzwirt, entlang des Berglerweges zurück zum Wildwiesenhof; Gehzeit 1 Std., 50 Hm.
Tipp: 147 Stufen führen auf den 35 m hohen Wildwiesenturm, dieser wurde im Jahr 1992 errichtet.

Ab dem **Gasthof Wildwiesenhof** verlaufen der **Sonnenweg** und der **Mondweg** zunächst parallel. Nach

Höchste Plattform im Joglland: der Wildwiesenturm.

Das Wanderdorf: Von Miesenbach auch in Richtung Wildwiesen.

der Station 5 zweigt der Mondweg (als die kürzere der beiden genannten Strecken) in Richtung Wildwiesen ab. Wer sich für die längere Strecke entscheidet, folgt somit dem Sonnenweg; dieser führt geradeaus weiter. Nach der Station 7 erreicht man die **Ziegerhoferkapelle** (von anno 1906), anschließend das **Gehöft Jogl in Reit**; über den hier, an der Station 8, stehenden Mannstein kann an Ort und Stelle ausführlich nachgelesen werden. Nach dem **Gehöft Kirchberger** kommt man allmählich zum sogenannten Kohlweg: Auf diesem bergan. Zur Station 9 gehört der Strallegger Bildstein; dieser wurde vermutlich um das Jahr 15 v. Chr. angefertigt.
Schließlich gelangt man in den Straßensattel namens **Toter Mann** (siehe auch Tour Nr. 7). Von diesem populären Kreuzungspunkt bergan zur **Wild-**

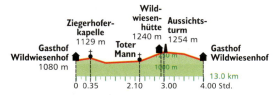

wiesenkapelle (erbaut anno 1851, renoviert 1983). Von der gegenüber stehenden **Wildwiesenhütte** ist es bloß »ein Katzensprung« zum höchsten Punkt auf dem Höhenrücken der Wildwiesen: Der gleichnamige **Aussichtsturm** präsentiert sich als der absolute Höhepunkt dieser Rundwanderung.
Sobald man wieder festen Boden unter den Füßen hat, folgt man dem Kultwanderweg; dieser führt nun an die Stationen 17 bis 23 heran. Eventuell entscheidet man sich für die zum Kreuzwirt führende Variante. Ansonsten steigt man beim **Wetterkreuz** direkt ab zum **Wildwiesenhof**.

Lohnende Variante: vom Kreuzwirt zum Wildwiesenturm.

9 *Rund um Miesenbach*

3.00 Std.

Waldböden – zauberhaft wie in einem Märchen

Dank seiner außerordentlich schmucken Ausgestaltung wurde das »Blumendorf Miesenbach« bereits mehrere Male preisgekrönt. Nunmehr ist derselbe Ort auf dem besten Weg zu einer speziellen Belobigung: Seit dem Jahr 2006 wird das weiträumige Wanderwege-Netz total neu, zudem in verbesserter Form beschildert: Bei jedem Wanderweg ist auch dessen Länge ersichtlich gemacht. Der spezielle Inhalt jedes Weges ist jeweils kostbar: Das sind die Waldböden. Jeder erweist sich als zauberhaft – wie in einem Märchen.

Ausgangspunkt: Miesenbach, 827 m, Gasthof Paunger in der Dorfmitte, oder Parkplatz gegenüber dem Gemeindeamt. Anfahrt: aus Richtung Graz über Weiz – Birkfeld.
Höhenunterschied: Insgesamt 250 m.
Anforderungen: Flur- und Waldwege, kurze Abschnitte auf asphaltierten Hofzufahrten. Alle Wanderstrecken sind neu beschildert.
Einkehr: Rastplatz bei der Mühle, zeitweise Ausschank.
Varianten: Die Wege Nr. 3 bis Nr. 10; jeweils Rundstrecken; deren Verlauf ist an den örtlichen Info-Punkten dargestellt.
Tipp: Die Schaumühle; zu besichtigen von Mai–Okt., jeden Di und Do, jeweils 14–17 Uhr.

Sonnseitig und gern besucht zu allen Jahreszeiten: das Bergviertel von Miesenbach.

Die beiden folgend genannten Rundwege lassen sich fein kombinieren; in diesem Fall verläuft die Gehrichtung jeweils gegen den Uhrzeigersinn.

Weg 2, Kalvarienberg-Rundweg: Die Wegschilder weisen aus der Ortsmitte von **Miesenbach** an den südöstlichen Ortsrand. Über einen Wiesenboden schlendert man zur nahen **Brunnkapelle** (erbaut 1675) und von dieser bergab zur **Eisbahnhütte**. Nun überquert man ein Bächlein und geht nächst von diesem leicht bergan zur **Mühle**; Rastplatz. Leicht bergan auf den **Kalvarienberg** und von diesem in Richtung Landesstraße, jedoch zweigt man kurz davor links ab. Man erreicht einen von zierlichen Mäandern durchsetzten Wiesengrund. Unweit davon gelangt man zurück in die Ortsmitte von **Miesenbach**.

Weg 1, Leitenbauer-Rundweg: Vom Gemeindeamt auf dem Gehsteig zur **Tankstelle**. Dahinter leitet ein Waldweg bergan und man erreicht eine Flurstraße. Ab dem nahen **Gehöft Hinterer Weiglhofer** leitet die Wanderroute über eine Wiese aufwärts; anschließend ein längeres Stück durch märchenhaften Wald. Man nimmt ein Wegkreuz wahr, benutzt eine Forststraße, geht sodann an einer Reh-Fütterung vorbei, folgt wiederum einem Wiesenweg und erreicht auf diesem das **Gehöft Lüßbauer** (Liesbauer). Bald steht man vor einem auffallenden, modern gestalteten Objekt; es gehört zum ansehnlichen **Gehöft Leitenbauer**.

Der Weg 1 führt ein kurzes Stück an der ebenen Straße entlang. Man zweigt links ab und durchquert ein weiteres Mal märchenhaften Wald. Anschließend folgt man ab einem sonnseitigen Wiesenhang dem Weg 3: Auf Flur- und Waldwegen bergab zum **Gehöft Weiglhofer**; hier zweigt man links ab und erreicht am Waldrand eine auffallend große Buche. Auf Waldwegen abwärts, über ein **Bächlein**, sodann auf einer Holztreppe kurz bergan. Man erreicht unmittelbar den großen Parkplatz bzw. 5 Gehminuten später die Ortsmitte von **Miesenbach**.

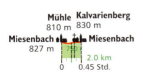
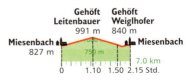

10 Barbara-Sicharter-Weg

6.00 Std.

Ein paar Stunden auf Pilgerschaft

Dieser die Ortschaften Vorau und Wenigzell verbindende Pilgerweg ist Barbara Sicharter gewidmet; sie gründete den Orden der Vorauer Marienschwestern und ebenso das örtliche Marienkrankenhaus. In der Katastralgemeinde Sichart steht Barbara Sicharters Geburtshaus, der Kroneggerhof, wo an Ort und Stelle der Lebenslauf dieser aufopferungswilligen Frau nachzulesen ist. Barbara Sicharter wurde in Wenigzell am 4. 12. 1829 als drittes von sieben Kindern geboren; sie starb am 9. 2. 1905; ihr Lebensinhalt erfüllte sich in selbstlosem Dienen für alte, kranke, mittellose Menschen.

Der nach Barbara Sicharter benannte Pilgerweg enthält 15 Stationen mit Schautafeln; jede Station lädt ein zu bewusstem Innehalten wie auch zu beschaulichem Abrasten. Jede Schautafel trägt Bibeltexte sowie spezielle Informationen zum selbstlosen Handeln und Wirken der gleich einer Ortsheiligen verehrten Barbara Sicharter.

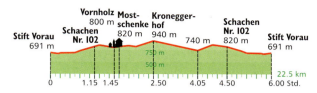

Ausgangspunkt: Vorau, 659 m, großer Parkplatz beim Stift. Anfahrt: aus Richtung Weiz über Birkfeld, aus Richtung Hartberg über Rohrbach an der Lafnitz.
Höhenunterschied: 480 m.
Anforderungen: Wald- und Flurwege sowie Asphaltstraßen, geringe Steigungen; durchwegs beschilderter Pilgerweg (eigenes Logo).
Einkehr: Gabi's Imbissstube (geöffnet Mo–Sa), Gasthaus Schnitzelwirt Reithofer (R: Mo, Di), Mostschenke Seppl auf der Eben (geöffnet teilweise im April, Mitte Juli–Mitte Aug., erste Oktoberwoche).
Tipp: Augustiner-Chorherrenstift Vorau, siehe auch Tour 11.

Vom **Stift Vorau** zum **Friedhof**; an dessen westlicher Mauerecke beginnen mehrere Wanderwege, so auch der Barbara-Sicharter-Weg: Man geht südwestwärts sanft bergab, überquert ein **Bächlein** und gelangt zu einer Anhöhe, den **Greilberg**; an einem Holzschuppen steht die Tafel der **Station 1**. Man durchquert eine zweite Senke und geht von einer Holzbrücke leicht bergan zur Landesstraße; an dieser leitet ein Gehweg zu **Gabi's Imbissstube** bzw. zur **Station 2**. Nun rechtshaltend. Einem Waldweg und einer Hofzufahrt folgend zu einem Bildstock (erbaut 1968); Rastbank.

An der Straße rechts weiter und somit aufwärts zur **Station 3**; Rastplatz unter einer Linde, nächst dem Gehöft Geier. Anschließend zweigt man bei Holzstößen von der Straße ab. Rechtshaltend, auf einem Wiesenweg, zur vierten Station.

Unweit davon erreicht man das Wegkreuz beim stattlichen Gehöft in **Schachen 102**; hier gabelt sich der Weg. (Die Hauptroute des Barbara-Sicharter-Weges führt weiter in Richtung Wenigzell.) In Richtung Kroneggerhof geht man jedoch fol-

gend weiter: Vom oben erwähnten Gehöft leitet ein Wiesenweg auf eine **Kuppe**; Rastbank. Auf einem ebenen Waldweg erreicht man die Station 15 und wandert nun an der Straße bergab in das kleine Dorf **Vornholz** bzw. zum **Gasthaus Reithofer**; gegenüber nimmt man die Station 14 wahr. An der Asphaltstraße zur benachbarten **Mostschenke** beim Gehöft »Seppl auf der Eben«. Man geht auf Nebenstraßen zum nächsten Gehöft. Von diesem führt ein Flurweg zur **Station 13**. Von hier auf einem Güterweg abwärts zur **Lafnitzbrücke**. An ihr biegt man in spitzem Winkel ab, folgt der Asphaltstraße bergan, kommt vorbei am Gehöft Hermann im Bühel (weiße Hauskapelle) und erreicht auch schon den **Kroneg-**

Symbolträchtig: »Pilgerstein« als Wegweiser.

gerhof. Dieses Gehöft trägt die Hausnummer »Sichart 17« und liegt nahe dem Lafnitz-Ursprung. Ein kurzer Wiesenweg und ein längerer Waldweg führen zu einem Bächlein; an dessen rechter (!) Seite zu einer Brücke. Beim **Gehöft Heribert im Bühel** erreicht man die zehnte Station. Entlang einer Flurstraße zur Station Nummer 11; kurz danach biegt man rechts ab und folgt einer Naturstraße durch Waldgebiet.

Beim Hinweis »Wenigzell« linkshaltend (!) weiter und auf gutem Weg durch das »In Windhab« genannte Waldgelände zu einem Bildstock (erbaut 1894); Station 12. Geradeaus weiter. Eine Wiese umgeht man linkshaltend und erreicht – nahe der Siedlung **Lafnitzegg** – die Hauptroute des Barbara-Sicharter-Weges. Dessen Verlauf ist identisch mit dem AV-Weg 919 (nach Wenigzell 4 km; siehe Tour Nr. 7). In diesem Fall führt die Tour entgegengesetzt weiter: Man steigt ab zur Lafnitzbrücke; die **Station 5** ist mit einem Boot ergänzt. Auf einem Waldsteig bergan zum Haus »Vornholz 96«. Eine Asphaltstraße leitet entlang einer Christbaumkultur und von dieser zu Wiesenflächen. Nach der anschließenden **Anhöhe** zweigt man rechts ab (Tafel: »Gasthaus Reithofer«); in dieselbe Richtung zunächst an der Straße bergab, alsbald zweigt man links ab: Ein Waldweg leitet zum Haus **Schachen 102**. Ab hier auf dem Zugangsweg zurück zum **Stift Vorau**.

Heimkehr am späten Nachmittag: von Hofstätten nach Vorau.

11 Vorauer Waldlehrpfad

2.15 Std.

Entspannung, Erholung und Weiterbildung

»Das Stift Vorau bürgt für Entspannung, Erholung und Weiterbildung.« Dieser Leitgedanke bezieht ebenso die Umgebung des Stiftes mit ein: Der Vorauer Waldlehrpfad ist 4 km lang und entstand bereits in den Jahren 1976 bis 1978. Ungefähr 60 Tafeln informieren über Flora und Fauna, über Waldregionen und die Pflege des Waldes sowie über Holzarten und vieles mehr. Der topografische Höhepunkt dieser Strecke ist erst recht erlebenswert: Die Erzherzog-Johann-Höhe gleicht einer Aussichtskanzel.

Ausgangspunkt: Vorau, 659 m, großer Parkplatz beim Stift. Anfahrt: aus Richtung Weiz über Birkfeld, aus Richtung Hartberg über Rohrbach an der Lafnitz.
Höhenunterschied: 200 m.
Anforderungen: Naturgemäß überwiegen die Waldwege und die Strecke ist speziell beschildert.
Einkehr: Gasthaus »Erzherzog-Johann-Höhe«/Kagerwirt (kein R).
Varianten: Chorherrenweg (1 km), Pilgerweg um das Stift Vorau, mit zwölf Stationen.

Zwischen dem Stift und dem Marienkrankenhaus der Gesundheitspfad (1 km), mit Turneinrichtungen.
Tipps: Das Augustiner-Chorherrenstift Vorau (gegründet 1163 vom Traungauer Markgrafen Otakar III) führt eine berühmte Bibliothek, diese enthält u.a. wertvolle mittelalterliche Handschriften. Die barocke Stiftskirche stammt von 1662. Zum Stift gehört auch ein Bildungshaus. Stiftsführungen: April–Okt. sowie auf Anfrage: www.stift-vorau.at.
Nahe dem Stift das Freilichtmuseum Vorau: mit Rauchstubenhaus, Schulmuseum u.v.m.; von Ostern bis Ende Okt. täglich geöffnet.

Ab dem **Stift Vorau** folgt man der Flurstraße bergab zur Pucheggholz-Brücke. Entlang des Steiges bachabwärts zu der an einem Teich stehenden **Grillhütte**. Aus dem idyllischen Talgrund namens »Brühl« leitet der Pfad durch das **Pucheggholz** – so sind der Bauernwald und Stiftswald gemeinsam benannt – bergan. Der Zielpunkt liegt auf der **Erzherzog-Johann-Höhe**; das Gipfelkreuz wurde anno 1959 – anläss-

Entspannt: auf der Erzherzog-Johann-Höhe.

Sakrales und zugleich populäres Zentrum: das Augustiner-Chorherrenstift Vorau.

lich des 100. Todesjahres von Erzherzog Johann (der »steirische Prinz«) – errichtet und ist den im Zweiten Weltkrieg gefallenen Soldaten gewidmet.

Ein Abstecher zur nahen, einladenden **Gaststätte Kagerwirt** lohnt sozusagen doppelt: Im selben Gebäude ist auch ein kleiner Bauernladen integriert.

Rückweg: Man folgt dem Weitwanderweg 07; ab der **Grillhütte** hält man sich an jenen sonnseitigen Pfad, welcher an der Stiftsmauer entlangleitet. So kommt man direkt in den Hof des **Stiftes Vorau**.

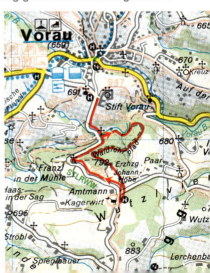

12 St. Pankraz und Masenberg, 1261 m

4.00 Std.

Traum-Platz St. Pankraz: Wo der Alltag stillsteht

Den Kindern der am Osthang des Pongratzer Kogels stehenden Volksschule ist jeder glückliche Moment ins Gesicht geschrieben: Sooo lustig kann Schule-Gehen nur hier heroben sein. Es gibt Steigerungen: Jeden Mittwoch wird in der Mini-Schulküche eigenhändig eine »gesunde Jause« zubereitet. Ausflugsgästen, die an der Schule vorbeikommen, offeriert die agile Schulleiterin folgende Idee: »Das Bergkirchlein St. Pankraz steht auf dem weitum schönsten Flecken!«

Talort: Grafendorf, 383 m. Anfahrt: A 2 Südautobahn, Exit Hartberg oder Exit Pinkafeld.
Ausgangspunkt: Volksschule in Pongratzen. Anfahrt: Von Grafendorf über das Gehöft Langhoppel 6,5 km.
Höhenunterschied: 500 m.
Anforderungen: Großteils Flur- und Waldwege; Anstiegsroute schwach markiert; Rückweg teils mangelhaft markiert.
Einkehr: Gasthaus Mesnerhäusl nächst dem Kirchlein St. Pankraz (geöffnet von Ostern bis Ende Nov., freitags ab 17 Uhr; samstags ab 14 Uhr, an Sonn- und Feiertagen jeweils ab 10 Uhr, Gasthaus Masenberger Olmstoll (Anfang Mai–Ende Okt. Mi–So; im Winter Do–So).
Varianten: Vom Gasthaus Olmstoll führen zwei beschilderte Rundstrecken in das Waldgelände: der »R1«, Gehzeit 1 Std., und der »R2«, Gehzeit 30 Min.
Tipp: St. Pankraz; anno 1544 erstmals urkundlich erwähnt, generalsaniert 1983–1985. Gottesdienste: am 12. Mai (bzw. am Samstag davor), außerdem am Pfingstmontag, am 29. Juni (Peter-und-Paul-Tag) sowie am dritten Sonntag im August.

Ab der **Volksschule** einer Hofzufahrt folgend zum stattlichen Gehöft Scheibenbauer. Weiter auf einem Flurweg; dieser leitet um einen Waldschopf herum zu großen Wiesen. Daraus auch direkt bergan zum Wallfahrtskirchlein **St. Pankraz**. Gegenüber steht das kleine **Gasthaus Mesnerhäusl**; davor ist ein großer Rastplatz eingerichtet. Die Wegnummer 18 leitet durch Waldgelände bergan. Vor dem gelben Grenzstein Nr. 72/4 linkshaltend, nun auf einem Steig, bergan. Man erreicht eine Quelle. Nach einem ebenen Wegstück durch einen Hohlweg bergan zum Weg 942; diesem folgt man bergwärts bis zu einer **Forstweg-Kreuzung**. Nun entlang einer Forststraße

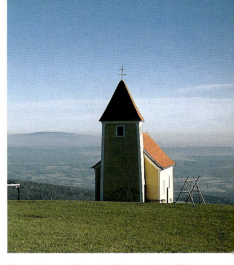

Ein erhabener Platz der Ruhe und des Weitblicks: beim Kirchlein St. Pankraz.

bergan zum Waldrand, an diesem halbwegs eben zum **Jägerkreuz** und – nochmals leicht bergan – zum **Gasthaus Olmstoll** (auf manchen Karten noch als »Gasthof Kröpfl« bezeichnet). Am Zaun eines Wildgeheges aufwärts zum Gipfelkreuz auf dem **Masenberg**; das Kreuz errichteten die »Hartberger Mariazell-Fußwallfahrer«.

Abstieg: Zurück zum Gasthaus Olmstoll und zum **Jägerkreuz**. Ab hier folgt man zunächst den Nummern 07/950; alsbald biegt man links in den **Weg 16** ein. Kurz darauf folgt man wieder links dem **Weg 17**. Wo man bei einem blau-gelben Wegschranken eine Forststraße erreicht, durch die Kehre links abwärts, vorbei an einem Hochsitz und durch die nächste Kehre zu einer Lichtung. Linker Hand weist ein Pfeil ein. Auf einem Steig abwärts. Man überquert eine Feuchtstelle und steigt – nun links eines Grabens – ab zum Gehöft **Lenzhansl**; Wegkreuz. Entlang der Hofzufahrt abwärts zum benachbarten Bauernhof. Unmittelbar danach die **Abzweigung:** Auf einer Flurstraße zur Kirche St. Pankraz und wie auf der Zugangsstrecke zurück zur **Volksschule**.

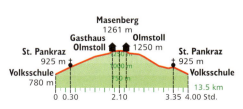

13 Pöllau und Pöllauberg, 753 m

Welch wertvolles Stück Wallfahrerweg

Im Jahr 1339 wurde in Pöllauberg mit dem Bau der Marien-Wallfahrtskirche begonnen; sie wird »Maria am Samstagberg« genannt und zeigt Einflüsse der Wiener Dombauhütte. Das Gnadenbild für den Hochaltar entstand in den Jahren 1470–1480. Ende 1674 vernichtete ein Blitzschlag den Turm, das Dach und die Einrichtung. Erneuert werden musste auch die Orgel (anno 1684); im süddeutschen Sprachraum zählt diese Orgel zu den wertvollsten Frühbarockwerken. Der Wallfahrerweg führt von Pöllau nach Pöllauberg.

Ausgangspunkt: Pöllau, 425 m, Parkplatz beim Schloss. Bushaltestelle Schlosszwinger. Anfahrt: A 2, Exit Hartberg; oder über Kaindorf bzw. Birkfeld.
Höhenunterschied: 330 m.
Anforderungen: Der Wallfahrerweg ist identisch mit der Wegnummer 942 und gut markiert; Flurwege und Waldsteige. Abstiegsroute teilweise unbezeichnet.
Einkehr: In Goldsberg das Restaurant Goldsberghof (geöffnet ab 10 Uhr, an Mi, Do jeweils ab 17 Uhr, R: Mo, Di); in Pöllauberg Gasthof König (R: Mo), Gasthof Goger (R: Mi), Gasthof Gremsl (R: Mo).; in Obersalberg Buschenschank Haubenwallner (geöffnet ab 14 Uhr, R: Mo).

Variante: Pöllauberg – Masenberg, mit Rückweg über den Lüßwaldsattel; markierte Rundstrecke; Gehzeit 3 Std.
Tipps: Schloss Pöllau (im 12. Jh. erbaut als Wasserburg), die Schlosskirche und der Stiftspark.
Im Haidenwald der Aussichtsturm; Zugang von Pöllau 30 Min.
In Feldhöf der Naturkraftpark mit den »Stationen für alle Sinne«.
Am Pöllauberg unterhalb der Wallfahrtskirche die moderne Skulptur »Heilige Frauen«, darstellend Katharina von Siena, Brigitta von Schweden und die heilige Edith. Weiters am Pöllauberg die Themen- und Erlebnisgärten.

In **Pöllau** geht es durch die Marzellin-Schlager-Gasse zum **Kreisverkehr**; links davon über die Straße (Vorsicht!) und wiederum links zum nahen Kreuzweg. Auf diesem zunächst bergan, danach kurz bergab zur **Kalvarienbergkirche**. Man folgt nun den rot-weiß-roten Farbmarken des Weges 942: Auf Waldsteigen und Flurwegen bergan zum **Golds-**

Beständig im Blickfeld: die Marien-Wallfahrtskirche auf dem Pöllauberg.

berghof. Der weitere Anstieg erfolgt überwiegend im Waldgelände. Schließlich erreicht man eine modern gestaltete Steingruppe: die »Heiligen Frauen«. Ein Pfad verbindet zur Wallfahrtskirche in **Pöllauberg**.
Abstieg: Zunächst zurück zur Steinskulptur »Heilige Frauen«. Sodann auf dem Weg 7 (»Ölholzweg«) zu einem Waldgelände und darin bergab. Man folgt der Hinweistafel »Buschenschank«. Nahe dem unteren Waldrand sichtet man zwei »Wallfahrersteine«, hält sich eher links, überquert eine Flurstraße und steigt am Waldrand ab. Nun entlang einer Straße zu einem Wegkreuz, vorbei am Platz des ESV Pöllauberg, zum **Buschenschank Haubenwallner**. Dieselbe Straße kurz abwärts. Sowohl an der ersten als auch an der zweiten Gabelung rechts halten. Dem Hinweis »Grasser 146, Fink 109« folgend auf ebener Zufahrt zu Wohnhäusern. Wenige Schritte bergan zum Haus Nr. 109; dahinter abwärts zu einem Wiesenweg; dieser leitet zu einer Asphaltstraße, an der man kurz bergan nach **Goldsberg** geht. Auf dem Anstiegsweg zurück nach **Pöllau**.

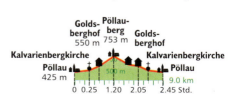

14 Rundweg am Ringkogel, 789 m

3.00 Std.

Seit 100 Jahren bis »ins Ungarische« schauen

Der Hartberger Bürgermeister Raimund Obendrauf setzte vor über 100 Jahren eine nachhaltige Idee um: Im Jahre 1906 wurde auf dem Ringkogel ein 30 m hoher Aussichtsturm errichtet. Aber auch die beste Zimmermannsarbeit hält nicht ewig: Ab 1990 war eine Generalsanierung erforderlich geworden, diese wurde am 1. Juni 1991 mit einer Wiedereröffnungsfeier abgeschlossen. Der sich einstellende Erfolg rechtfertigt den Aufwand, denn es besteht wieder große Lust, weit ins Land zu schauen. Konkret: vom Ringkogel über den östlichen Rand der Ost-Steiermark und des südlichen Burgenlandes und gar tief »ins Ungarische«.

Ausgangspunkt: Bezirksstadt Hartberg, 359 m, Hauptplatz. Anfahrt: A 2 Südautobahn, Exit Hartberg. Buslinien und Thermenbahn.
Höhenunterschied: 430 m.
Anforderungen: Überwiegend Waldwege und Steige, am Rückweg auch Asphaltstraßen; durchwegs markiert und beschildert (Weg Nr. 11).

Einkehr: Buschenschank Ferstl, Jausenstation Ringkogel (geöffnet nur bei Schönwetter von Mitte April bis Ende Okt., R: Mo), Gasthof Schreiner (Ostern-Okt., R: Mo, im Winter an Wochenenden).
Tipp: Spaziergang durch das Zentrum der Bezirksstadt Hartberg: Pfarrkirche, Schloss, Schlosspark, Stadtmuseum, romanischer Karner.

Vom Hauptplatz in **Hartberg** verbindet die **Preßlgasse** zur Einmündung in die Alleegasse; Wegtafeln. Man folgt der Wegnummer 11: Beim Schloss Hartberg entlang der **Stadtmauer** zur Radl-Mühle. Schon ab der nächsten Straßengabelung biegt man auf einen Schotterweg. Alsbald auf einer Holztreppe bergan. Man kommt vorbei an einem kuriosen **Naturdenkmal:** Eine halb liegende Linde wird von einer Steinmauer gestützt. Alsbald zweigt der Weg 11 links ab, diesem folgt man bergan zum Weingarten und schmucken Haus (Jahreszahl 1566) beim **Buschenschank Ferstl**. Anschließend folgt man einem stellenweise mit Felsblöcken durchsetzten Waldweg. An der Ringkogelstraße noch kurz bergan zur sogenannten **Spielstätte**; die dazu gehörende Sage ist an Ort und Stelle nachzulesen.

Nebenan steht eine Hubertuskapelle (erbaut 1977). Ab hier verläuft auch ein Fitness-Parcours bergwärts. Der Weg 11 leitet zu einem großen Rastplatz und von diesem bergan zum **Ringkogel**. Zutritt zum Aussichtsturm, sofern die Jausenstation geöffnet hat.

Abstieg: Auf einem Waldweg zu einem Rastplatz, genannt **Jagaplatz**, und von diesem weiter durch Wald bergab zum **Gasthof Schreiner**. Nun zunächst an der Straße abwärts. Bei einem Bildstock zweigt man auf einen Flurweg ab, dieser führt vorbei am Gehöft Oswald und zur nächsten Straße. An ihr rechts bzw. abwärts. Alsbald beginnt der nächste Wiesenweg und man steigt über 36 Stufen die **Steinerne Stiege** ab. Anschließend erreicht man wieder eine Straße; auf ihr abwärts bis zur Gabelung: Nun geradeaus bzw. dem Weg 1 (Stadtrundweg) folgend. Bei der Hausnummer Ring 41 biegt man in die **Weinberggasse** ein; durch diese zur Straßenkreuzung gegenüber der Preßlgasse. Beliebig zurück zum **Hauptplatz**.

Beim Buschenschank Ferstl: inmitten von Blumen und Blüten bergan in Richtung Spielstätte.

15 Löffelbach und Burg Neuberg

2.00 Std.

Von der »Villa rustica« in die Hausberg-Sonnseite

Die von Löffelbach sonnseitig ansteigenden Fluren liegen am »Hausberg«, wie das anmutige Gelände beziehungsvoll genannt wird. Erhöhtes Interesse wecken die am Ortsrand von Löffelbach frei gelegten, insgesamt gut erhaltenen Grundmauern der »Villa rustica«. Dieser Gutshof römischen Stils – eine der landesweit größten Anlagen – wurde im 2./3. Jh. n.Chr. errichtet. Die Ausgrabungen von Löffelbach zählen zu den wichtigsten Kulturgütern in der Steiermark. Um so mehr sind Gäste darüber verblüfft, dass das lokale Wanderwegenetz de facto eher nur kartografisch existiert.

Ausgangspunkt: Löffelbach, 370 m, Ortsmitte, Info-Tafel (Parkraum). Anfahrt: A 2, Exit Gleisdorf oder Exit Hartberg.
Höhenunterschied: 210 m, zusätzlich kurze Gegensteigungen.
Anforderungen: Flur- und Waldwege sowie Flurstraßen; Streckenverlauf stellenweise mangelhaft bezeichnet.

Einkehr: Unterwegs keine.
Tipps: Das Ausgrabungs-Areal bei der Villa rustica ist während des ganzen Jahres frei zugänglich.
Bei der Burg Neuberg (errichtet Mitte 12. Jh.) können Gruppen die Kapelle besichtigen; bitte voranmelden bei Ernst Weidinger sen., ℂ 03332/64585.

Aus der Ortsmitte von **Löffelbach** den Hinweisen folgend zum **Römischen Gutshof** (Villa rustica). Flurwege leiten sonnseitig bergan zu jener Straße, auf welcher man die **Burg Neuberg** erreicht: Diese war einst ein bedeutender Wehrbau, dessen ältester Teil ist der massige, ca. 30 m hohe Bergfried mitsamt dem Palas, dem Hauptgebäude jeder Burg. Zum Festsaal – dessen Kassettendecke enthält Landschaften und Jagdszenen – besteht kein öffentlicher Zutritt. In der Burgkapelle, welche anno 1661 geweiht wurde, sind die 14 Nothelfer dargestellt.

Eine archäologische Besonderheit: die Grundmauern der »Villa rustica«.

Von der Burg entlang der Straße bergan und vorbei an einem Löschteich zur **ersten Gabelung**; hier links die Straße abwärts zur zweiten Gabelung vor dem Haus Nr. 224. Nun entweder weiter auf Asphalt abwärts (dafür mit informativem Blick auf die Burg Neuberg) oder rechtshaltend, auf einem Flurweg, um eine kleine Erhebung herum und ein wenig abkürzend bergab ebenfalls zur nächsten, d.h. ab der Burg bislang **dritten Gabelung**. Hier rechtshaltend. Man folgt der ebenen Höhenstraße (alte blaue Farbmarken sind erkennbar), erreicht zunächst einen am Waldrand stehenden Hochsitz und danach alsbald die **vierte Gabelung**; an ihr weist eine Tafel in Richtung Löffelberg. Man zweigt jedoch links ab und folgt der abwärts führenden Hofzufahrt bis zu deren Ende beim Haus Nr. 95. Ab hier auf einem **Flurweg** abwärts, sogleich wieder linkshaltend.

Auf einem **Waldweg** (Tafel: »Privatweg – Einfahrt verboten«) abwärts und nach einigen Kehren zu einem Fahrweg; schließlich über ein Brückerl zur Asphaltstraße. An dieser wenige Minuten ortseinwärts zur Info-Tafel in **Löffelbach**.

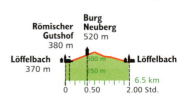

16 Maria Fieberbründl und Schielleiten

3.45 Std.

Verschlungene Wege im waldreichen Apfelland

Die Wallfahrtskirche Maria Fieberbründl und das von mehreren Teichen umgebene Barock-Schloss Schielleiten – es dient als Bundessportschule – sind inhaltlich so konträr wie jene Wege verschlungen, welche diese beiden Objekte bzw. Anlagen verbinden. Derzeit drängt sich folgende Feststellung auf: Erst wenn in diesem grundsätzlich kinderleicht begehbaren Gelände durchgängig einheitliche Wegschilder installiert sind, wird das Orientieren einfach sein – und folglich die Freude am Wandern sich nachhaltig erhöhen.

Ausgangspunkt: Maria Fieberbründl, 401 m, Kaufhaus oberhalb der Kirche. Anfahrt: B 54 Wechsel-Bundesstraße, aus Richtung Gleisdorf oder Hartberg.
Höhenunterschied: 130 m.
Anforderungen: Wald- und Flurwege, auch Abschnitte mit Flurstraßen. Insbesondere die zurückführende Strecke ist stellenweise mangelhaft bezeichnet.
Einkehr: Sport-Café am Schloss Schielleiten, in Vockenberg Gasthof Haider (R: Mi ab 14 Uhr, Sa), in Buchberg Gasthof Jägerwirt (kein R; im Winter geschlossen).

Varianten: Um die Bundessportschule Schielleiten und die Schlossteiche führen markierte Laufstrecken.
Tipps: Wallfahrtskirche Maria Fieberbründl (1879 Bau der Gnadenkapelle »Maria im Elend«; 1894 Bethalle; seit 1954 sind Gnadenkapelle und Bethalle verbunden).
»Kneipp-Kur« für die Atemwege: Die aus Lärchenholz gezimmerte, frei zugängliche Gradieranlage – genannt »Waldkapelle« – entstand 2006; täglich geöffnet 7.30–21.30 Uhr.

So intensiv genutzt wie üppig gemauert: Das Schloss Schielleiten dient als Bundessportschule.

In **Maria Fieberbründl** beim urigen Kaufhaus die Stiege abwärts zu der am Waldrand stehenden kleinen **Wallfahrtskirche**. Auf dem Weg Nr. 7 zur nahen **Gradieranlage »Waldkapelle«**. Anschließend folgt man über einen längeren Abschnitt sowohl Waldsteigen als auch Wiesenwegen. Beim Weiler Waldhof erreicht man eine Sandstraße; auf dieser rechts zum Gendarmen-Denkmal (»Haas-Kreuz«; Inschrift: »Am 22. April 1924 ist Gendarmerie-Rayons-Inspektor Andreas Haas in treuester Pflichterfüllung durch Mörderhand gefallen.«)

Man kommt an einem **Teich** vorbei und folgt sodann einer Flurstraße zur **Zinglkapelle** (erbaut 1860). Kurz danach, vor dem ersten **Schlossteich**, zweigt man links ab. Man geht um den Teich so weit herum, bis man das Areal der Sportanlagen erreicht. Ein Fußweg leitet an die Nordseite des **Schlosses Schielleiten**. Geradewegs, in Blickrichtung Ruine Alt Schiellei-

Wie in einem Garten durch ein blühendes Land: wandern in der Ost-Steiermark.

ten, zur Landesstraße in Vockenberg. Beim **Gasthaus Haider** (»Taverne«) steht ein großer Bildstock (von 1894). Gegenüber, vor der Firma Schuh, links haltend. Man folgt einer Flurstraße (Weg Nr. 16, 18) zu einer **Obstplantage**. Gegenüber den Baumreihen Nr. 6–8 zweigt ein Fahrweg ab. Auf diesem entlang; alte weiß-grüne Markierung. An der nächsten Gabelung rechts (!) weiter. Genau auf die Markierung achten! Halbwegs geradeaus und durch einen seichten Graben. Beim Wegweiser »Schielleiten« mündet ein rot-weiß-rot markierter Weg ein; nun folgt man diesem. Nach dem letzten Wegpfeil besser geradeaus, zur Landesstraße; an ihr linkshaltend, vorbei an Fredi's Café, zum **Jägerwirt** in Buchberg. Gegenüber die Flurstraße (Weg Nr. 12, 23) leicht bergan; vorbei am Landhaus Simone und Landhaus Buchberg zum Ende dieser Flurstraße; Wegkreuz und Wegweiser. Nun leitet ein Flurweg weiter und man überquert eine **Geländekuppe**.
Nun den Wegen Nr. 4 und 5 folgend bzw. entlang einer Flurstraße, alsbald linker Hand abzweigen, der Weg Nr. 5 leitet bergab zu einer Gabelung. An dieser wiederum links abwärts und dabei am Waldrand (!) entlang. Schließlich biegt man in den Weg Nr. 771 ein. Im Grabengelände am **Laubbach** gelangt man über einen Holzsteg zu einer Forststraße, diese leitet bergan zur Kuppe beim Weiler **Waldhof**. Wie beim Zugang, dem Weg Nr. 7 folgend, leicht bergab und bergan zurück nach **Maria Fieberbründl**.

Stark besucht an jedem Sonntag und Feiertag: die Wallfahrtskirche Maria Fieberbründl.

17 Markt Hartmannsdorf

2.15 Std.

»Es ist, wie es ist«, sagt die Liebe ...

Der gleichermaßen feinsinnig wie kunstsinnig gestaltete Dorfplatz ist einem großen Schauspieler gewidmet: Peter Simonischek. Des in Markt Hartmannsdorf geborenen Mimen sonore Stimme ist im Bereich des »Literaturbrunnens« rund um die Uhr präsent; Simonischek rezitiert – wortecht auf Knopfdruck – Kurztexte und Kurzgedichte. Jeder deren Nachhall berührt des Menschen Seele. – »Es ist, wie es ist«, sagt die Liebe ... und deren weises Vermächtnis schwingt mit in all den nächsten abertausend Schritten.

Ausgangspunkt: Markt Hartmannsdorf, 329 m, »Literaturbrunnen« auf dem Dorfplatz (mit Parkraum). Anfahrt: A 2 Südautobahn, Exit Sinabelkirchen.
Höhenunterschied: 170 m.
Einkehr: Unterwegs keine.
Anforderungen: Gehwege, Waldwege, Feldwege, Hauszufahrten, Flurstraßen; teilweise markiert.
Variante: Zwischen dem Fuik-Kreuz und dem Eckweg kann die Strecke mit einem durch Wald führenden Umweg ein wenig ausgedehnt werden.
Tipp: Auf dem Dorfplatz der »Literaturbrunnen« zum Lauschen: Auf einer CD – welche alle paar Wochen gewechselt wird – rezitieren Brigitte Karner und Peter Simonischek Texte und Gedichte.
Obstlehrpfad, mit Info-Tafeln; Zugang gegenüber dem Gasthof Gruber.

Beispielhaft für die Ost-Steiermark: Auch in Markt Hartmannsdorf wird das Ortsbild emsig gepflegt.

»Endlich Ost-Steiermark!«

In **Markt Hartmannsdorf** zur **Kirche**; dahinter schlängelt sich ein halbwegs ebenes Spazierweglein zwischen Wohnhäusern und Gärten in Richtung westlichen Ortsrand. Dabei überquert man zwei Straßen und kommt von einem Brückerl zum Haus Nr. 254. (Hierher gelangt man auch von jener Bushaltestelle, welche dem **Postamt** gegenüberliegt.) Dem asphaltierten **Schwibbogenweg** auf einem Gehweg folgend bergan zur Gabelung bei einer Häusergruppe. Man folgt dem Weg 1; dieser leitet in einen Eichenwald. Anschließend führt linker Hand ein Flurweg zunächst am Waldrand und zuletzt durch Streuobstwiesen bergan zu zwei Häusern (gelb und weiß); im Hof hindurch. Hinter dem gelben Haus linkshaltend zum **Fuik-Kreuz** und von diesem zu einer Gabelung (siehe auch Variante): Rechtshaltend, leicht aufwärts, zu einer **Anhöhe**; von dieser kurz abwärts zum **Fritz-Kreuz**. Nun benutzt man den asphaltierten **Eckweg**; dieser verbindet ab Höhenstraße zum Fuß einer **Geländekuppe**. Auf einem Steig zu deren höchstem Punkt; mit Birke, Rastbank, Hochsitz; dazu gelbe Punkte einer alten Markierung. Südseitig, einem Wiesenweg folgend, abwärts zu einer auffallend hohen Pappel und zum Haus Nr. 113. Nun die Straße bergab zu Obstplantagen und Weingärten. Wo man den **Talboden** erreicht, rechts abzweigen: Der Weg Nr. 1A leitet grabeneinwärts und im Wald bergan zur Kapelle **Ulrichsbrunn**. Oberhalb der Kapelle verbindet ein ebener Waldweg zu einer Flurstraße; dieser folgend zur Einmündung in den Weg 1. Den **Schwibbogenweg** abwärts zur Hauptstraße und vom Postamt ortseinwärts zum Dorfplatz von **Markt Hartmannsdorf**.

18 — Nach St. Magdalena am Lemberg, 454 m

2.15 Std.

Aus dem Tal der Hartberger Safen zu Obstplantagen

An diesem Ausflug beweist sich folgende Erfahrung: Mag ein Talwinkel wie dieser auch unscheinbar aussehen, man erkennt bereits nach wenigen Schritten den Wert dieses Ratschlages – der Weg aus dem Safental durch Wälder zu Wein und Obst am Lemberg bereitet nachhaltig Freude. Weniger erfreulich ist hingegen, dass eine für den Wandertourismus derart günstig liegende Bahnstation wie die ÖBB-Haltestelle Buch aufgelassen wurde. Lehren doch beispielgebende Erfahrungen, dass es möglich ist, bahnbetriebswirtschaftliche Prämissen mit volkswirtschaftlichen Anliegen in Einklang zu bringen.

Ausgangspunkt: Oberbuch, 319 m, Gasthaus Falk/Café Pavillon (R: Do), an der ehemaligen Bundesbahn-Haltestelle Buch. Anfahrt: A 2 Südautobahn, Exit Sebersdorf/Bad Waltersdorf oder Exit Hartberg.
Höhenunterschied: 150 m.

Anforderungen: Im Anstieg überwiegend Wald- und Flurwege, der Abstieg führt entlang einer Forststraße.
Einkehr: In Burgstall Buschenschank Kainz (Öffnungszeiten auf Anfrage, ✆ 03332/7160; in St. Magdalena Landgasthof Gerngroß (R: Mi).

Unweit vom Mantschkreuz: Die Einladung zum Rasten erfolgt still, aber nachhaltig.

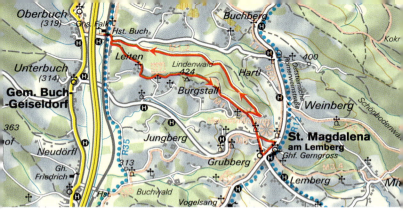

Beim **Gasthaus Falk** über die Eisenbahnkreuzung der Thermenbahn. Sogleich weisen Wegtafeln ein: Der Weitwanderweg 07 bzw. Weg 950 und der lokale Wanderweg M1 verlaufen gemeinsam. Man folgt einer Straße waldwärts bergan und erreicht zunächst einen Wiesengrund; darüber steht ein Hochsitz. Nun einem Wiesenpfad folgend, anschließend weiter auf einem Waldsteig. Man erreicht im Lindenwald die als **Burgstall** vermessene Kuppe und überquert beim Strommasten Nr. 20 die Trasse einer 110-kV-Leitung. Leicht bergan zum nahe liegenden **Aussichtspunkt**. Kurz danach erreicht man eine Flurstraße. (Eine Tafel weist rechts, leicht bergab, zum Buschenschank Kainz.)

An derselben Straße bergan zu einem großen Bildstock, dem **Mantschkreuz**. Gegenüber, am Rand einer Obstplantage, leitet ein halbwegs ebener Rad- und Fußweg einen Wiesenstreifen entlang und sogleich zur Dorfstraße. An der dynamisch gestalteten Fassade der Musikschule vorbei zur Kirche von **St. Magdalena am Lemberg**; dieser unmittelbar gegenüber steht der Landgasthof Gerngroß.

Rückweg: Im Uhrzeigersinn zurück zum **Mantschkreuz**; von diesem so weit bergab, bis nach einer Birkengruppe ein **M2-Wegschild** einweist: Man zweigt rechtshaltend, zugleich in spitzem Winkel ab und folgt nun – vorbeigehend an einer Fahrverbotstafel – einer Flur- bzw. Forststraße. Bald nach deren erster Kehre wandert man durch den gepflegten **Lindenwald** talwärts und erreicht beim Schlachthof Zotter die Landesstraße. Auf den Verkehr achten! Am Straßenrand ungefähr 0,5 km entlang zu den Wegweisern bei der Eisenbahnkreuzung – und schon steht man wieder vor dem **Gasthaus Falk**.

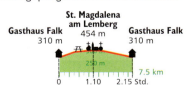

19 Rund um Großsteinbach

1.30 Std.

Die Schachblume blüht zum Frühjahrs-Vollmond

Das Bestandsschutzgebiet »Schachblumenwiese« wurde im Jahr 1966 errichtet und anno 1998 erweitert; die Fläche ist derzeit 10 ha groß. Die Schachblume – ihr lateinischer Name lautet: fritilaria meleagris – ist eine in Europa nur noch äußerst selten vorkommende Lilienart; deren Blühzeit hängt mit dem Frühjahrs-Vollmond zusammen: Die Schachblume blüht nur innerhalb eines knappen Zeitraumes um den Palmsonntag, das heißt, sie blüht frühestens um Mitte März bzw. spätestens um Mitte April.

Ausgangspunkt: Großsteinbach, 331 m, Gemeindeamt (Parkplatz). Anfahrt: A 2 Südautobahn, Exit Ilz oder Exit Bad Waltersdorf; B 54 Wechsel-Bundesstraße, Abzweigung in Kaibing.
Höhenunterschied: Keiner.
Anforderungen: Spaziergelände; Streckenverlauf frei wählbar. Info-Tafeln und Wegschilder erleichtern das Orientieren.
Einkehr: Am Badesee das Gasthaus Zur Schachblume (R: Mo, Di).
Varianten: A: Der »Großsteinbacher Landschafts- und Kneipp-Erlebnisweg« ist exakt 13,8 km lang; Gehzeit 4 Std. Die Strecke lässt sich auch verkürzt begehen bzw. in zwei Abschnitte unterteilen. Am Freizeitzentrum steht eine Info-Tafel, auf welcher der Streckenverlauf genau dargestellt ist.
B: Der »Wald-Erlebnisweg« beginnt am Ortsrand, unweit des Friedhofs. Schüler der Hauptschule Großsteinbach haben nach ihren Ideen diesen Weg mitgeplant und mitgestaltet. Der erholsam angelegte, ebene Waldsteig führt zu insgesamt 26 Stationen, u.a. zu einem Wurzelstock und Spinnennetz sowie zu einer Holzgalerie und weiter zu Baumbüchern, zu einem Blickwinkel und Wackelsteg. Gehzeit ca. 1 Std.
Tipps: Das Freizeitzentrum Großsteinbach, mit Abenteuerspielplatz sowie Bade- und Fischteich; der Zeitgarten und die Landschafts-Sonnenuhr; das Landschafts-Schach, errichtet im Jahr 2000 von Künstlern anlässlich eines internationalen Bildhauer-Symposions.
Weitere Exkursionsziele: die Kernölmühle, verbunden mit einem Schaupressen; der Wald-Erlebnisweg.

Aus der Ortsmitte von **Großsteinbach** – vorbei am Feuerwehr-Rüsthaus und am Zeitgarten – entlang einer Flurstraße zu den **Schachblumenwiesen**. Hier informiert eine Tafel über dieses in der Steiermark einzige Schachblumen-Vorkommen. Die Wiesenränder dürfen entlang der vorge-

sehen Pfade betreten werden. Mit Hilfe von Flurwegen gelangt man auch an das **Freizeitzentrum** heran. Erst recht lohnt es, den Badesee und den Fischteich zu umrunden. Zahlreiche Rastbänke verstärken die Lust, dass man die von diesem friedvollen Gelände abstrahlenden Eindrücke so bewusst wie in beschaulicher Weise in sich aufnimmt.

Rückweg: Vom Freizeitzentrum auf beliebiger Strecke zu den **Schachblumenwiesen**; wiederum an den Zeitgarten heran und von diesem zurück in die Dorfmitte von **Großsteinbach**.

Schlendern und Schauen: rund um das Freizeitzentrum Großsteinbach.

20 Auffener Turm und Harter Teich

Aussichtsturm, Straußenfarm und ein Rundweg am Wasser

Das 60-Seelen-Dorf namens Auffen versteht sich auf Innovationen: Anno 1993 zog die Lindenhof-Familie Weber eine exotische Farm auf. Nunmehr gastieren dort bereits 150 Strauße; deren Vorfahren stammen aus Südafrika. Im Kontrast dazu: Ein in hohen Maßen innovativ gestalteter Holzturm überragt das Dorf; dem Kneipp-Bund gebührt Dank für seine Idee. Der dritte Zielpunkt: Ausflugsgäste ziehen gern an das erholsame Gestade des Hartes Teiches.

Ein Oktogon ganz in Holz: der Auffener Aussichtsturm.

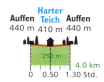

Ausgangspunkt: Auffen, 440 m, Parkplatz beim Turm. Anfahrt: A 2 Südautobahn, Exit Bad Waltersdorf.
Höhenunterschied: 30 m; zusätzlich die Turmhöhe von 30,5 m.
Anforderungen: Kinderleichte Spazierwege, faktisch ebenes Gelände.
Einkehr: Harter-Teich-Schenke (Do–Sa ab 14 Uhr, So und Fei ab 10 Uhr).
Variante: Die »Dreier-Kombination« mit Aussichtswarte, Straußengehege und Harter Teich lässt sich in unterschiedlicher Gehrichtung und Wegführung wiederholen; erst recht empfehlenswert zu unterschiedlichen Tages- und Jahreszeiten.
Tipps: Marien-Wallfahrtskirche in Auffen, erbaut im Jahr 1718. Die Kunstschmiede Ertl, Zugang nächst der Volksschule.
In der Straußenfarm (www.straussenwirt.at) Führungen ab zehn Personen.

Unmittelbar neben dem **Parkplatz** ragt der Auffener Turm auf. Folglich liegt es nahe, den Spaziergang in sportiver Weise zu beginnen, indem man diesen **Aussichtsturm** ersteigt. An Ort und Stelle sind u.a. folgende Details zu erfahren: Am 5. August 2006 wurde der »Kneipp-Bewegungs-Turm« – so dessen offizielle Bezeichnung – eröffnet; er gilt als »größte Säule auf einem achteckigen Grundriss«: Die Turmhöhe misst 33 m. 180 Stufen führen zur Plattform in exakt 30,5 m Höhe. Johann Riebenbauer (Graz) plante dieses in seiner Art einzigartige Oktogon. Der Aussichtsturm ist frei zugänglich; die Treppen sind gegen Wind und Wetter geschützt. An der Plattform-Brüstung sind Pulttafeln montiert, an den beschrifteten Fotos lässt sich das 360-Grad-Panorama nachvollziehen.
Nach erfolgter Turm-Besteigung beginnt der Rundspaziergang: Die Strecke führt vom **Parkplatz** zu den Gaststätten Schneider und Lindenhof und somit auch an die **Kirche** heran. Dem Wegweiser folgend, schlendert man entlang jenes langen Zaunes nach Süden, welcher die **Straußenfarm** ostseitig begrenzt: Der »Atem-Aktiv-Rhythmus-Weg« führt an ein Gedenkkreuz heran. Kurz danach überquert man eine Flurstraße. Nun auf einem Waldweg und vorbei an »Stelzenhäusern« zum **Harter Teich**. Ein breiter Steg leitet zur Teichschenke. Dem Naturlehrpfad folgend, umrundet man im Schatten des romantischen Ufergeländes den gesamten Teich. Zahlreiche Schautafeln informieren zu Pflanzen, Bäumen, Sträuchern und Tieren. Nach diesem Rundgang spaziert man allgemein auf demselben Weg zurück nach **Auffen**.

21 Höhenrunde in Leitersdorfbergen

Eine Lauf-Rundstrecke von doppeltem Wert

Frucht-Genuss: in Leitersdorfbergen.

Wer am Gasthof Teuschler-Mogg um kompetente Beratung bezüglich schöner Fußwege ersucht, erhält prompt und noch dazu von der Tochter des Hauses persönlich den besten Ratschlag: »Folgen Sie einfach unserer Laufstrecke.« Die Vorfreude darf hoch sein, denn wer diesen Rundkurs zu Fuß getestet hat, wird gern feststellen, dass diese Strecke doppelt wertvoll ist – weil gut geeignet sowohl als Lauf-Parcours wie ebenso als Wanderroute.

Ausgangspunkt: Leitersdorf bei Hartberg, 283 m, Ortsmitte (Parkraum). Anfahrt: A 2, Exit Bad Waltersdorf.
Höhenunterschied: 150 m.
Anforderungen: Überwiegend Forstwege; kurzer Abschnitt Flurstraße; durchgehend als Laufstrecke bezeichnet.
Einkehr: Gasthof Teuschler-Mogg (nur im Winter R: Mi).

In **Leitersdorf**, gegenüber dem Gasthaus Ziegler, von der Kreuzung entlang der leicht bergan führenden Straße exakt 1,3 km in Richtung **Leitersdorfbergen**. Auf diesem Höhenrücken steht der **Gasthof Teuschler-Mogg**.

Unmittelbar vor diesem renommierten Haus beginnt die 3,9 km lange **Laufstrecke L5**: Diese leitet an der Höhenstraße bzw. an der Radroute R33 zunächst nordwärts, schwenkt jedoch alsbald, bei einem **Wegschranken**, nach links. Nun die den Wald durchquerende Sandstraße entlang; die Tafel »Hohenbrugg« bleibt unbeachtet. Denn man hält sich an die leicht links weiterführende Forststraße; auf dieser durch den Hofwald zur ersten Gabelung. Hier zweigt man links ab. An der Ein-

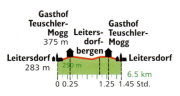

mündung in den nächsten Forstweg bzw. bei der 1440-m-Marke rechtshaltend und daher leicht bergab.
Auf halber Strecke (2000-m-Marke) erreicht man eine Rastbank. Vorbei an einem Hochsitz und in Richtung **Steinbachgraben**. Ab der 2240-m-Marke leiten die Laufstrecken-Täfelchen bergan zur Höhenstraße in **Leitersdorfbergen** (3000-m-Marke); an derselben Straße wiederum nordwärts und somit zurück zum **Gasthof Teuschler-Mogg** an der 3900-m-Marke.
Wie beim Zugang die mit »Leitersdorf-Bergweg« bezeichnete Straße abwärts nach **Leitersdorf**.

Eine Einladung: Hier sollst du verweilen.

22 Bad Blumau und Leitersdorfbergen

3.45 Std.

Das weltweit größte begehbare Kunstobjekt

Das im Mai 1997 eröffnete »Rogner Bad Blumau« nennt der Volksmund »Hundertwasser-Therme« und ehrt damit den kunstsinnigen Architekten: Friedensreich Hundertwasser stammt aus Mähren und hieß ursprünglich Stowasser. Eine seiner Thesen lautete: »Die Natur kennt keine Gerade.« Mit seinen so farbenfroh wie dynamisch gestalteten Objekten erlangte Hundertwasser nachhaltigen Weltruf. Sein umfangreiches Lebenswerk gipfelt in der Thermenanlage von Bad Blumau. Hundertwasser bewertete sie als das »weltweit größte begehbare Kunstobjekt«.

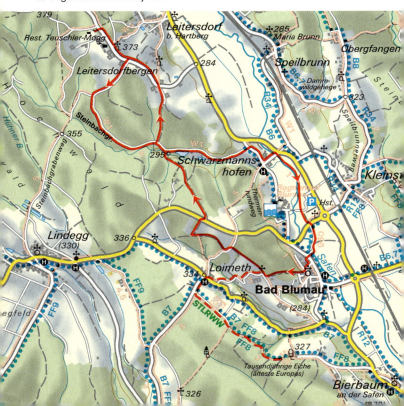

Das weltweit einzigartige bewohnbare Kunst-Objekt: das »Rogner Bad Blumau«.

Ausgangspunkt: Bad Blumau, 284 m, Gemeindeamt/Info-Büro (Parkplatz). Anfahrt: A 2 Südautobahn, Exit Fürstenfeld oder Exit Bad Waltersdorf. Thermenbahn-Haltestelle.
Höhenunterschied: 145 m.
Anforderungen: Waldwege, Flurwege sowie Flur- und Forststraßen; unterschiedliche Wegschilder, Wegnummern und Farbmarken.
Einkehr: In Leitersdorfbergen; Buschenschank Bergstadl, mit Hofladen (Mo–Fr ab 16 Uhr, an Sa, So, Fei ab 14 Uhr), Buschenschank Schalk (ab 14 Uhr, R: Mo–Mi), Gasthof Teuschler-Mogg (nur im Winter R: Mi).
Variante: Zur Tausendjährigen Eiche (Naturdenkmal; Umfang des Stammes 8,85 m); Zugang von der Kirche in Bad Blumau zum Wegkreuz am Blumauberg, sodann dem Bachweg folgend und ab Loimeth auf dem Weg Nr. 07; Gehzeit hin und zurück ca. 2 Std.
Tipps: »Rogner Bad Blumau«, Thermalbad mit Innen- und Außentherme, Wellenbad, Vulkania-See und Saunalandschaft; am Tagesbesucher-Eingang (Parkplatz) ein Bauernladen.
Hausführungen durch das gesamte verbaute Areal finden jeden Montag, Mittwoch und Freitag statt, Beginn jeweils um 13 Uhr, Treffpunkt an der Kassa. An den Hausführungen können auch solche Gäste teilnehmen, welche die Therme nicht benutzen.
Frei zugänglich ist der 13 ha große »Thermenpark«, dessen zwei Herzstücke sind der 1500 m² große Grundwasserteich und das erst im Jahr 2006 realisierte Projekt »Weidenblume«.
Im Ort Bad Blumau das Dorfmuseum »Heilwurz & Zauberkraut«.

Im Ort **Bad Blumau** leitet hinter der Kirche eine Stiege zu einem Bildstock. Man folgt der Laufstrecke und gelangt durch Waldgelände zum **Blumauberg**. Weiterhin entlang der beschilderten Laufstrecke und alsbald zu einem **Wegkreuz**; dieses steht an der Flurstraße namens »Bachweg«. (Hier die Abzweigung zur Tausendjährigen Eiche; siehe Variante.)

Ein weiterer Wald- bzw. Flurweg verbindet nordwärts zu einer **Asphaltstraße** (Einmündung des Weges 5), in welche man linker Hand einbiegt. Nur kurz dieselbe Straße entlang. Man biegt rechts ab, folgt der Laufstrecke nun auf einem Flurweg, geht den Waldrand entlang und kommt zu einem **Hochsitz** (Metallgerüst); hier erreicht man auch den rot-weiß-rot markierten Weg 07. Noch einen längeren Abschnitt ist die Laufstrecke mit dem **Weg 07** identisch. Man überquert in einem Rechts-Links-Haken eine Landesstraße. Wiederum auf Naturboden weiter.

Die Strecke verläuft nun durch **Mischwald**. Man bleibt unbedingt an der Markierung des Weges 07 (die Laufstrecke zweigt halbrechts ab) und gelangt in den **Steinbachgraben**. Hier über das Bächlein, den Steinbach. Man erreicht sogleich eine Forststraße, verlässt diese jedoch bereits in deren erster Kurve. Rechter Hand durch Waldgelände bergan zum freien Höhenrücken von Leitersdorfbergen. bzw. zum **Gehöft Lang**. An Weingärten vorbei zum Buschenschank Bergstadl. Auf der Höhenstraße zum benachbarten **Buschenschank Schalk**; unweit davon zweigt links eine Flurstraße ab. (Geradeaus 0,9 km zum Gasthof Teuschler-Mogg.) An dieser abwärts in den **Steinbachgraben**.

Dem Weg Nr. 5 folgend auf der Forststraße zu einem Wegschranken und grabenauswärts, vorbei an einem Teich und nun auf einer Sandstraße nach **Schwarzmannshofen**. An der Dorfstraße und dem Gehweg zu einem Bildstock (von 1908). Hier links; auf dem Steinbachweg bzw. nun wieder der Laufstrecke folgend zu einer Brücke. Man überquert diese und spaziert am linken Ufer der Safen zum **Thermen-Eingang**. Durch den **Thermenpark** schlendert man genussreich, streckt sich hier und dort auf einer Liege aus, um anschließend den Grundwasserteich zu umrunden. Felsblöcke leiten über das Wasser; nun kommt man an den Weidenbau heran und kreuzt in dessen Gängen hin und her. Unweit davon leitet eine Holzbrücke an das rechte Ufer der Safen. Nach wenigen Schritten steht man wieder vor dem Gemeindeamt von **Bad Blumau**.

... und nochmals: Wohnen im Kunst-Objekt von Friedensreich Hundertwasser.

23 Kuruzzenweg nach Burgauberg

2.15 Std.

Auf den Spuren ungarischer Glaubenskämpfer

Während fast 1000 Jahren, nämlich seit der Schlacht auf dem Lechfeld (nahe Augsburg) anno 955 bis zum Übertritt des Burgenlandes zu Österreich im Jahr 1921 bildete die Lafnitz eine Grenzlinie zwischen Österreich und Ungarn. Aus all den kriegerischen Handlungen ragen die Kuruzzen-Aufstände hervor; diese reflektierten den Unwillen jener ungarischen Rebellen, die mit allen Mitteln versuchten, die vom österreichischen Herrscherhaus für Ungarn vorgesehene Gegenreformation abzuwehren. Ungarische Adelige unterstützten die vom legendären Rákóczi (Franz II.) geführten Kuruzzen-Einheiten. Zwecks Aufarbeitung dieses historisch bedeutsamen Zeitabschnittes wurde der »Kuruzzen-Wanderweg« geschaffen. Tafeln mit Bildern und Texten erläutern die politischen Hintergründe zu den Kuruzzen-Überfällen, welche im Zeitraum 1704–1709 stattfanden.

Ausgangspunkt: Burgau, 303 m, Schittls Gasthof Zur Post in der Ortsmitte. Anfahrt: A 2 Südautobahn, Exit Ilz oder Exit Bad Waltersdorf.
Höhenunterschied: 50 m.
Anforderungen: Großteils Flurwege, Themenweg; mit insgesamt 12 informativ gestalteten Schautafeln.
Einkehr: In Burgauberg »Kuruzzen-Heuriger« (R: Di).
Variante: Vom Gemeindeamt Burgauberg verbindet ein Gehsteig zum Kuruzzen-Heurigen. Lohnend. Gehzeit hin und zurück ca. 30 Min.
Tipps: Das Schloss Burgau, ursprünglich ein Wasserschloss (1367 erstmals urkundlich erwähnt), wird in der Gegenwart u.a. als Kulturzentrum genutzt.
Das Strandbad Burgau (Naturteich).
»Tschartaken« sind historische Grenzwächtertürme; diese standen entlang der Lafnitz. Nächst dem Lafnitzsteg steht eine nachgebaute Tschartake, diese ist frei zugänglich.
Neu: »Maislabyrinth«, Freizeitpark an der Lafnitz, www.iris4events.at.

Tschartake: Wachtturm der Kuruzzen.

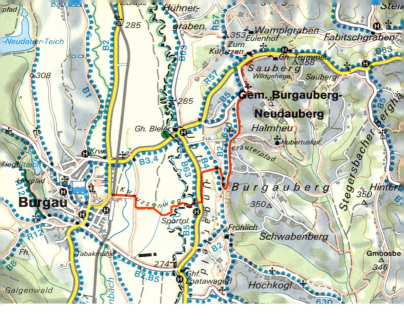

Aus dem Ort **Burgau** leitet der Kuruzzen-Wanderweg ostwärts und somit in den breiten Talboden. Auf einer kleinen Brücke überquert man den Lobenbach und erreicht jene Wiesenflächen, über die der Weg an die Lafnitz heranführt. Am Rande des Auwaldes steht eine nachgebaute **Tschartake**; dieser authentisch errichtete Wachtturm ermöglicht einen umfassenden Überblick auf die Au-Landschaft. Man überquert auf einem Steg die **Lafnitz**, somit zugleich die Landesgrenze Steiermark/Burgenland. Ein Flurweg verbindet zu den am Fuß des Burgauberges stehenden Häusern. Ab dem **Sportplatz** folgt man der Hauptstraße nordwärts. Beim **Haus Nr. 143** zweigt man rechter Hand ab. Der Kuruzzenweg leitet nun bergan, vorbei an Streuobstwiesen und entlang von Weingärten, auf den Höhenrücken des Siedlungsraumes **Burgauberg**. Man kommt an die »alte Schule« heran und erreicht nach dieser schließlich das **Gemeindeamt**.

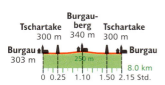

Davor steht (in diesem Fall als eine Art Schlusspunkt) eine große Übersichtstafel betreffend den Kuruzzenweg, welcher hier offiziell endet – aber auch wiederum beginnt:

Man geht auf derselben Strecke zurück nach **Burgau**.

24 Von Loipersdorf zum Köglberg

4.00 Std.

»Auf und ab« heißt diesmal die Devise

Der in Wanderkarten festgeschriebene Name Großkögeln ist unter Einheimischen unbekannt; diese reden nur vom Köglberg und dorthin wird fleißig gefahren: Buschenschenken ziehen magisch an. Auf die Idee des Zu-Fuß-Gehens verfallen überwiegend nur Stadtleute. Um so glaubhafter können sie jedoch feststellen: Die über den Köglberg führende Rundtour enthält etliche Fakten, welche zu überraschen vermögen. Welche? – Das wird nicht verraten, sonst wär's ja keine Überraschung.

Ausgangspunkt: Loipersdorf bei Fürstenfeld, 249 m, Gasthaus Jandl bzw. Kirchplatz. Anfahrt siehe Tour 25.
Höhenunterschied: 330 m.
Anforderungen: Flurwege, Waldwege, kurze Abschnitte auf Asphalt; überwiegend beschildert bzw. markiert.

Einkehr: Buschenschank Siegl (R: Mo, Di), Buschenschank Gether (R: Fr), Buschenschank Thurner (R: Di, Mi), jeweils geöffnet ab Nachmittag.
Tipps: In Stein die Kirche von 1861 (geweiht der hl. Magdalena); gegenüber eine Töpferei mit zeitgenössischer Keramik.

In der Ortsmitte von **Loipersdorf**, gegenüber dem Gasthaus Jandl, zur Kirche. Dahinter beginnt diese Wanderstrecke. Nach einem Brunnen erreicht man eine Linde (Naturdenkmal). Einem Gässchen folgend bergan zu einer Straße. An dieser bzw. auf den Wegen Nr. 9 und 10 zu einer Säge und zu einer Straßengabelung. Hier rechtshaltend, dem Schild »Höhenweg 10« folgend, auf einer Flurstraße und in aussichtsreicher Lage durch **Oberbergen**. Bergab, vorbei am ehemaligen Buschenschank Erath, und auf einem Wiesenweg zu einer Weggabelung. Man folgt dem Weg 9 und erreicht einen **Bildstock**. Alsbald zweigt der Weg 9 links ab. Nun über einen Wiesengrund, anschließend in einem Waldstück bergan. Von der Rastbank zu einer Flurstraße; an dieser in Blickrichtung Köglberg (mit Sendemast) weiter. Man kommt an einem gepflegten kleinen **Gehöft** vorbei. Kurz danach erblickt man am Wegrand die Tafel »Rundwanderweg Stein«, jedoch steigt man

Geborgen im Schatten der Lärche: Bildstock am Weg von Oberbergen zum Köglberg.

dieselbe Flurstraße weiter an. Im Schutz einer fotogenen Lärche steht ein kleiner Bildstock (errichtet anno 1999). Schließlich erreicht man den Buschenschank Siegl. Noch kurz bergan zum höchsten Punkt, dem **Köglberg**. Auf dessen Kuppe – sie gewährt prächtige Aussicht – ist der Buschenschank Gether angesiedelt.

Nach einer Rastpause zurück bis zur **Wegtafel** »Rundwanderweg Stein«; hier biegt man in einen Flurweg ein und quert, inmitten von Wiesen und Feldern, halbwegs eben zu einer Sandstraße. Nun dieser folgend bis zur beschilderten **Gabelung**; hier rechter Hand weiter: Man geht am Stieglitzberg entlang der Straße zum **Buschenschank Thurner** und von diesem durch zwei Kehren abwärts in das Dorf **Stein**. Beim Gemeindeamt bzw. bei der Töpferei die Straße bergan zum **Weinhof Sammer**. Nochmals bergan, nun durch Wald, auf eine **Geländekuppe**. An der Straße (rechter Hand nimmt man eine Laube, die »Steiner Hütte« wahr) abwärts, vorbei am Gästehaus Schneeberger, zur **Brücke** am Edelsbach. Der Wegnummer 4 folgend bergan zur **Straßenkuppe** und abwärts in die Ortsmitte von **Loipersdorf**.

25 Kraftwanderweg und Therme Loipersdorf

1.00 Std.

Kraft sammeln in Nachbarschaft des Schaffelbades

Dieser als »megalithischer Kraftwanderweg« angelegte Pfad leitet – in Sichtweite der Therme – über einen Hügel. Insgesamt sind 44 Findlingsteine platziert; allesamt bestehen aus Waldviertler Granit. Dessen hervorragende Eigenschaft sind außergewöhnliche Schwingungen; diese wiederum sind derart unterschiedlich, dass jeder Standort seinen spezifischen Kraft-Charakter hat. Der Spaziergang verläuft zwar einfach, dennoch spannend insofern, als jeder Gast seinen Stein sucht – und natürlich diesen seinen Stein auch findet. Das ist aber noch nicht aller Erfolg: Im populären Schaffelbad rundet sich alles Kraftsammeln zu nachhaltigem Wohlfühlen.

Talort: Loipersdorf bei Fürstenfeld, 249 m; Anfahrt: A 2 Südautobahn, Exit Ilz. Bundes- und Landesstraßen via Fürstenfeld, Fehring oder Jennersdorf.
Ausgangspunkt: Therme Loipersdorf (Parkplatz); ca. 5 km südlich des Ortes Loipersdorf.
Höhenunterschied: Unwesentlich.
Anforderungen: Spaziergelände.
Varianten: Lauf- und Nordic-Walking-Paradies Loipersdorf; vier Laufstrecken, Länge zwischen 1,4 und 5,5 km; jeweils markiert bzw. beschildert.
»Keltischer Baumkreisweg«, Länge 2,5 km; Rundstrecke in Richtung Lautenberg; jeder Baum ist an Ort und Stelle beschrieben. Informationen an der Thermen-Kassa.
Tipp: Die Therme Loipersdorf mit Thermenbad, Saunadorf mit Grotten und Duschen, Erlebnisbad mit Wasserrutsche und Wellenbad; das Schaffelbad.

Unübersehbar: »Kraft durch Steine«.

Das Motto für diese Strecke heißt **»Kraft durch Steine«**. Der Weg beginnt unmittelbar vor dem Eingang zur Therme und leitet zunächst zum Wächterstein. Der Linke Portalstein und der Rechte Portalstein tragen in sich die Energie von Yang bzw. Yin. Anschließend wird die Wegsäule erreicht. Der Herold ist eine imponierende Steinnadel, ein echter Menhir. Der Steinmann ist die älteste Form in der Kunst der Steinsetzung. Es folgen die Windrose, das Labyrinth, der Sattelstein, der Große Menhir, der Yang-Stein und Yin-Stein. Eine weitere Station nutzt einen natürlichen Kraftplatz: Der

In der Morgenstille: Rundgang um die Therme Loipersdorf.

Birnbaum steht auf einer stark aufladenden Kreuzung zweier Kraftlinien. Auf den Mondstein folgt schlussendlich die letzte Station, der Große Steinkreis: Der Sonnenstein wird von zwölf Steinen umgeben, welche die Tierkreiszeichen symbolisieren. Der eindrucksvolle Dolmen bzw. Steintisch ist genau in Nord-Süd-Richtung platziert. Nahe der Pyramide steht deren Wächter, dieser wirkt zusätzlich als Gegenpol zur Pyramide.

Energie aus Steinen fließt langsam. Folglich soll jeder Spaziergang ausreichend lang währen – darin liegt der ureigene Sinn dieses Kraftwanderweges.

26 Therme Loipersdorf – Magland

3.30 Std.

»Erlebensweg der Sinne« – Teil I

Auch der »Erlebensweg der Sinne« gehört zum Netzwerk »Auf den Spuren der Vulkane«. Es mangelt daher nicht an Möglichkeiten, in kreativer Weise den Streckenverlauf zu ändern. Dies wird speziell dadurch ermöglicht, dass einzelne Wegabschnitte identisch sind mit einem zweiten, dritten oder gar vierten Wanderweg, Ein Umstand, welcher dem Wandern in der Vulkanland-Region zusätzlichen Sinn verleiht.

Ausgangspunkt: Therme Loipersdorf (Parkplatz). Anfahrt siehe Tour 25.
Höhenunterschied: 140 m, zusätzlich geringe Gegensteigungen.
Anforderungen: Wald- und Flurwege, teilweise Asphaltstraßen; spezielle Beschilderung, zusätzlich teilweise markiert.
Einkehr: Buschenschank Stefan's Heuriger (R: Mo, Di), mit Hofladen.
Tipp: Der Maglanderhof, Verkauf von heimischen Produkten; Familie Oswald, ✆ 03155/8628.

Schräg gegenüber der **Therme Loipersdorf** steht am Waldrand eine Info-Tafel. Ab hier, dem beschilderten Waldweg folgend, zu einer Weggabelung (Informationen zu »Römischen Hügelgräbern um Loipersdorf«). Linkshaltend weiter durch ein längeres Waldstück; am Waldrand erreicht man die

Nomen est omen: Dieser schöne Wiesengrund heißt Wanderberg.

Erlebnis-Station »Ins Land schauen«. Ab dem benachbarten Gehöft auf dessen Hofzufahrt nur kurz bergab. Man zweigt linker Hand ab. Ein Flurweg leitet abwärts zur **Haselbachkapelle**; diese ist der heiligen Mutter Anna geweiht (Kapelle erbaut 1866, renoviert 2005/06; mit Friedensglocke). Der anschließende Flurweg führt zwischen Feldern zur nächsten Hofzufahrt; an dieser abwärts zur Landesstraße. An der Weg-Einmündung steht linker Hand ein Bildstock. Gegenüber, beim Ferienhaus **Villa Thermale**, auf dem Gehweg an der Landesstraße zur Bushaltestelle; gegenüber die **Abzweigung**: Auf einem Wiesenweg bis zum Brückerl am Lehenbach. Unmittelbar vor dieser kleinen Brücke am Bach aufwärts zu einer Holzbogenbrücke bei der Holzkapelle, durch den kleinen Ort **Magland** zur Landesstraße nahe am Ortsrand. Bei einer auffallenden **Birke** zweigt man rechts ab, geht bis zum zweiten Haus und folgt sodann dem rechter Hand bergwärts führenden Flurweg. Entlang einer Buschreihe ansteigend, gelangt man zu einer Straße. An dieser bergan weiter, entlang einer Hollerplantage, zum gepflegten **Maglanderhof**; mit Wegkreuz. Unweit von hier erreicht man die Höhenstraße und linker Hand eine am Waldrand liegende **Erlebnis-Station** (Nr. 4). Nun auf dem von Vogelhäuschen flankierten Waldweg zur **Geisterkapelle** (Bildstock, renoviert 1991). Nochmals durch ein Waldstück und aus diesem zur Höhenstraße. Sogleich erreicht man den **Buschenschank Stefan's Heuriger**. Anschließend auf einem Gehstreifen bzw. am rechten Straßenrand nur so weit, bis man alsbald rechtshaltend einem Waldweg folgen kann. Dieser leitet zu jener Gabelung, wo die Info-Tafel »Hügelgräber« steht.

Nun der Zugangsstrecke folgend zurück zur **Therme Loipersdorf**.

27 Unterlamm und Maglanderhof

2.15 Std.

»Erlebensweg der Sinne« – Abschnitt II

Den naturbezogenen Mittelpunkt bildet die ganzjährig frei zugängliche Aussichts-Plattform auf dem Vorderberg. Viele Gäste sammeln sich ebenso gern im Bereich der Pfarrkirche und vor deren Lourdes-Grotte. Pilger schwören nicht minder auf ausgiebiges Rasten: Dieses Anliegen erfüllt die beim Buschenschank Freißmuth installierte Station 3: »Steirische Weinbaukultur«. Insgesamt enthält der als Rundstrecke angelegte »Handspur-Erlebensweg« elf Stationen. Demzufolge ist der Abschnitt II die logische Ergänzung zu der unter Tour 26 vorgestellten Rundstrecke.

Ausgangspunkt: Unterlamm, 285 m, Gasthof Lenz-Riegler (Parkplatz). Anfahrt: Bundes- und Landesstraßen aus Richtung Fürstenfeld (via Loipersdorf), Fehring oder Jennersdorf.
Höhenunterschied: 140 m.
Anforderungen: Flurwege und Waldwege, entlang des Höhenrückens auf Asphalt; spezielle Beschilderung, gelbe Tafeln.
Einkehr: Buschenschank Freißmuth, (Mitte Feb.–Ostern, Mitte Mai–Ende Juli und Mitte Sep.–Ende Nov., R: Mi, Do), Buschenschank Kapper (R: Mi), hält allgemein während der Schließzeiten des Buschenschank Freißmuth offen.
Tipps: Die Pfarrkirche (erbaut 1907–1910); mit nachgebildeter Lourdes-Grotte (Station 1, »Geistige Quelle der Sinne«).
Am Vorderberg die Aussichtswarte; Holzkonstruktion, mit Pultdach.
Der Vogellehrpfad mit naturgetreuen Nachbildungen.
Am Ortsrand die Naturteichanlage, mit Keltischem Baumkalender.
Maglanderhof, Verkauf eigener Produkte.

In **Unterlamm** erreicht man nächst dem Gasthof Lenz-Riegler den Robert-Hammer-Weg und geht auf diesem zur Pfarrkirche. Entlang der gelben Wegschilder leicht bergan zu einer Straße. Ein kurzer Rechts-links-Schwenk verbindet zu einem Flurweg; dieser leitet bergan zu jenem Geländerücken, auf welchem die **Aussichtswarte** steht. Ein sanft ansteigender Flurweg führt zur Höhenstraße, hin zum **Buschenschank Freißmuth**; die zum Haus gehörende Kapelle stammt aus dem Jahr 1954. (Von hier erreicht man auch den Buschenschank Kapper.) Folgt man derselben Hö-

Ein begehrtes Produkt: Nahe vom Maglanderhof »gedeiht« jede Menge Hollersaft.

henstraße, zeigt sich alsbald eine Koppel und in weiterer Folge kommt man an jenen Waldrand, wo die **Station 4** – »Den Wald erleben« – eingerichtet ist. An dieser Stelle zweigt man rechts ab, folgt der Straße zur nächsten Gabelung, wo man wiederum rechts abzweigt und den **Maglanderhof** erreicht. Noch kurz die Flurstraße abwärts zu einer Plantage mit Holundersträuchern.

Hier weist ein Schild (Weg 1) rechts ein; man geht am Rand dieser Plantage abwärts und erreicht einen auffallend gleichmäßig geformten, frei stehenden **Baum**. Anschließend durch ein Waldstück bergan und linkshaltend zu einem **Haus** am Waldrand. An dessen Zufahrt bergab zur Landesstraße, wo man ortswärts einem Radweg folgt. Nach einem Wegkreuz links abzweigen: Man überquert auf einer Holzbrücke den Lehenbach und kommt zu jenem Flurweg, welcher ebenfalls ortswärts, aber auch zur **Naturteichanlage** leitet.

Ab dieser erreicht man in wenigen Minuten die Ortsmitte von **Unterlamm**.

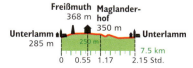

28 Maria-Theresianischer Wanderweg

2.30 Std.

Aus dem Raabtal in die Weinberge

Regentin Maria Theresia (1717–1780) hatte im Zuge ihrer Herrschaft veranlasst, dass jene Stellen in der Natur, wo der Grenzverlauf zwischen Österreich und Ungarn nicht eindeutig ersichtlich war, zu kennzeichnen seien. Infolgedessen wurden kniehohe Grenzmarken gesetzt, sogenannte Maria-Theresien-Steine. Jeder dieser Steine trägt die in Dreiecksform angeordneten Buchstaben MRH; dieselben stehen für Maria Regine Hungarie (Maria Königin Ungarns). Erst in der jüngster Gegenwart sind diese Steine in Erinnerung gerufen und – wie speziell in diesem Fall – für das Wanderwegenetz thematisiert worden.

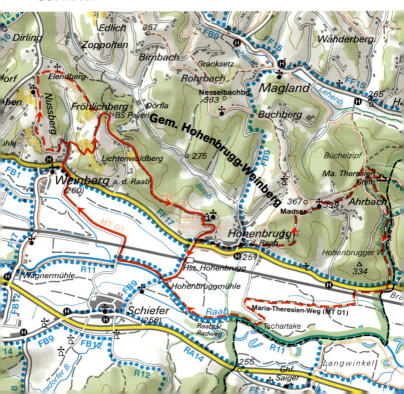

Wie in den Dornröschen-Schlaf versunken: das Schloss Hohenbrugg.

Ausgangspunkt: Hohenbrugg an der Raab, 257 m, Bahnhaltestelle. Anfahrt: Bundes- und Landesstraßen aus Richtung Feldbach, Fehring oder Jennersdorf. Bahnlinie Graz – Jennersdorf; Steirische Ostbahn/Thermenbahn.
Höhenunterschied: 110 m.
Anforderungen: Flurwege, Waldwege, Flurstraßen; mit grünen Tafeln beschildert.
Einkehr: In Weinberg; Buschenschank Krenn (geöffnet ab 15 Uhr, R: Mo, Di), Buschenschank Payerl (So und Fei ab 15 Uhr, ansonsten ab 18 Uhr, R: Mo, Di), Buschenschank Lamprecht/Waldstüberl (Do, Fr ab 17 Uhr, Sa, So, Fei ab 15 Uhr).
Varianten: 1. Erweiterbare Strecke an der Route Weinberg – Nussberg – BS Payerl. Entlang der Straße auf den Nussberg. Neben dem Gehöft Simon (»Edelbrände«) steht die Nussbergkapelle (erbaut 1868); auch ein Hinweis zum 300 m entfernten BS Lamprecht. Nach dem Gehöft Simon zweigt die Wanderroute rechts ab und leitet durch Waldgelände zu einer Straßengabelung; den Hinweis »Zoppolten« nicht beachten, sondern geradeaus an der Straße zum BS Payerl. Gehzeit 1 Std., Weglänge 3,5 km.
2. Spezieller Rundweg: Bahnhaltestelle Hohenbrugg – Ort Hohenbrugg – Mauser – Maria-Theresien-Stein Nr. 85 – Rainbach – Schlauchwehranlage – Tschartake/Maria-Theresien-Stein – Haltestelle Hohenbrugg; grün beschildert; Gehzeit 3½ Std.; Weglänge 10,5 km.
Tipp: Die Tschartake, vorbildgetreu nachgebauter Grenzwächterturm, aufgestellt gegenüber der Schlauchwehranlage; auch hier steht ein Maria-Theresien-Stein (Variante 2).

83

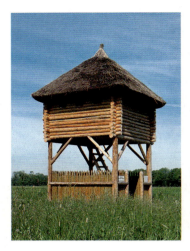 

An der Variante: eine Tschartake ...   ... und ein Maria-Theresien-Stein.

An der **Bahnhaltestelle Hohenbrugg** über die Eisenbahnkreuzung (EK) beim Streckenkilometer 184,966 und entlang der Flurstraße zur Raab-Brücke. Unmittelbar davor zweigt man rechts ab und geht am orografisch (also in Fließrichtung) linken Ufer der Raab flussaufwärts bis zur nächsten **Brücke**. Rechtshaltend weiter; der Flurstraße folgend, sodann über die EK 185,820, weiter vorbei am Sportplatz und im Ort **Weinberg** zum Gasthaus Bruchmann. Vor der Brücke in Richtung Nussberg (Tafel), jedoch zweigt man an der ersten Gabelung rechts ab: Bergan zu einem Waldweg und auf diesem zum Höhenrücken von **Klauenberg**. (Rechts, leicht abwärts, zum Buschenschank Krenn.) Links, der Höhenstraße folgend, über den Fröhlichberg zum nahen **Buschenschank Payerl**. An der Straße abwärts zu einer Gabelung; hier auf dem Stichweg zum letzten Gehöft. Vorsicht! Aggressiver Hund! Links vom Haus auf einem Fahrweg gering bergan, dabei am Waldrand bzw. am Rand einer **Holunderplantage** entlang. Man durchquert ein Waldstück und gelangt aus diesem zu einer Obstbaumallee. Durch diese an das **Schloss Hohenbrugg** heran. Davor rechtshaltend, am Rand einer Buschreihe, abwärts zur Hauptstraße (linker Hand in die Ortsmitte). Geradeaus zur nahen **Bahnhaltestelle Hohenbrugg**.

Wie ein Riesen-Blumenstrauß arrangiert: zur Frühjahrszeit im Raabtal.

29 Gleichenberger Bahn-Wanderweg

6.30 Std.

»Ich bin der Schönste im ganzen Land«

Die Gleichenberger Bahn wurde am 15. Juni 1931 eröffnet. Die in Normalspur (1435 mm) angelegte Strecke ist 22 Kilometer lang. Die Trasse ist überaus kurvenreich und zählt zu den steilsten Adhäsionsbahnen im Alpenraum: Zwischen den Stationen Gnas und Katzendorf beträgt die Neigung bis zu 42 Promille. Zugreisende erfahren ein üppiges Grün- und Obstland, prächtige Mischwälder und schmucke Höhenrücken. Der Gleichenberger Bahn-Wanderweg verknüpft zwischen Feldbach und Bad Gleichenberg fast alle Haltestellen, lässt sich daher individuell gestalten wie kein zweiter Weg im Vulkanland und heimst, rein informell, das Prädikat »Schönster Bahn-Wanderweg der Steiermark« ein. Der in Rot-Weiß-Grün prangende Triebwagen ET 2 befährt die Strecke planmäßig. Seit 2007 verkehrt während des Sommers täglich, am späteren Nachmittag, ein zusätzliches Zugpaar. Bitte einsteigen!

Am südwestlichen Stadtrand von Feldbach: der Kalvarienberg.

Ausgangspunkt: Feldbach, 282 m, Bahnhof. Anfahrt: Vorteilhaft per Bahn.
Endpunkt: Bad Gleichenberg, 269 m. Rückfahrt nach Feldbach mit der Bahn.
Höhenunterschied: 280 m und Gegensteigungen.
Anforderungen: Nebenstraßen, Flurwege, Waldwege. Im Abschnitt Kalvarienberg – Bad Gleichenberg ist der Wegverlauf mit Lok-Symbolen beschildert.
Einkehr: Wald-Café, im Abschnitt Trautmannsdorf – Bad Gleichenberg.
Varianten: 1. Teilstrecke: Feldbach – Fischa – Burgfried; 3.45 Std., 11 km.
2. Teilstrecke: Burgfried – Bahnhof Gnas – Ort Gnas (Einkehrstätten); 1 Std., 3 km. Entlang der Bahntrasse eine Station weiter; vom Bahnhof Gnas auf bezeichneten Wegen abwärts in den Ort. Von hier auch zum »Kaskögerlweg« (siehe Tour 38).
3. Teilstrecke/»Winterstrecke«: Nur Straßen; Hochegg – Hofstätten – Wetterkogel – Hst. Trautmannsdorf; 1 Std., 4 km. Ab der Gabelung am Hochegg die Straße abwärts und über die Bahn; rechtshaltend zur Haltestelle Hofstätten, 371 m. Ab der Häusergruppe zur Bahn-Unterführung und weiter bergan zur Höhenstraße. Nun südwärts, über die Straßenkuppe am Wetterkogel, 410 m, und abwärts zur Bahnstation Trautmannsdorf. Weiter nach Bad Gleichenberg wie unten beschrieben.
Tipps: Das »Theater am Zug« ist eine erfolgreiche Sommer-Veranstaltungsreihe (www.straden-aktiv.com). Auch der himmelblau lackierte Triebwagen ET 1 verkehrt speziell für Sonderfahrten. Am Bahnhof Maierdorf wird gern für längere

Verkehrt täglich fleißig: die Gleichenberger Bahn.

Zeit angehalten: Der Wiesengrund eignet sich gut für Picknick, Musik und Tanz.
In Bad Gleichenberg Rundfahrt mit dem Citybus, dieser verkehrt bis Bairisch-Kölldorf; die Benutzung ist kostenlos.
Infos und Fahrplan: www.bad-gleichenberg.at.

Der **Gleichenberger Bahn-Wanderweg** lässt sich in beide Richtungen begehen. Als Umsteigeknoten für Zugsverbindungen Richtung Graz und Fehring dient der ÖBB-Bahnhof Feldbach. Die Park+Ride-Plätze sind kostenlos benutzbar. Die Empfehlung heißt einmal mehr: »Leg jeweils eine Strecke zu Fuß bzw. per Bahn zurück.«
Ab dem **ÖBB-Bahnhof Feldbach** durch die Franz-Josef-Straße zum Rathaus; davor steht der »Metzen«, ein historisches Hohlmaß. Durch das Grazer Tor gelangt man in die Ottokar-Kernstock-Straße und geht an ihr in Rich-

tung **Landeskrankenhaus**. Hier zweigt man zum **Kalvarienberg** ab, überquert diesen und gelangt zum benachbarten Kristaberg; auf dessen Kuppe steht das kleine Gehöft Uhl. Die benachbarte Anhöhe wird von einem bildschönen Birnbaum dominiert. Man kommt an die Bahnstrecke heran. Kurz nach der **Haltestelle Prädiberg** zweigt man links ab. Parallel zur Bahntrasse leitet ein Fahrweg durch Mischwald. Nächst den Kilometersteinen 8,5 und 9,3 quert die Wanderroute das Gleis.

An der **Haltestelle Fischa** lädt eine Rastbank zum Verweilen ein, erst recht zum Rundumschauen. Der nahe dem Bahngleis verlaufende Fahrweg leitet zur leicht erhöht liegenden **Haltestelle Burgfried**. Die Wanderroute verläuft alsbald linker Hand in den Wald und durch diesen abwärts zum Gehöft Niederl vulgo Simmerl. Linkshaltend, auf einem Flurweg, zu einer asphaltierten Hofzufahrt und auf dieser bergab nach **Maierdorf**. Am südlichen Ortsende zweigt man links (Richtung Ludersdorf), sodann an der ersten Gabelung rechts ab: Eine Straße leitet rechts bergan; man überquert die Bahntrasse und folgt derselben Straße bis zu deren Gabelung am **Hochegg**. (Lohnender Abstecher: Auf die Hochegg-Kuppe; Aussichtsplatz, Denkmal; Gehzeit 5 Min.)

Ab hier gibt es zwei Routen: Die »Winterstrecke« (siehe Variante, 3. Teilstrecke) und die nachfolgend beschriebene »Sommerstrecke«:

An derselben Gabelung zweigt man links ab und geht die Straße abwärts bis zur **Wildschutz-Infotafel** der Jägerschaft Trautmannsdorf. Ab hier auf einem Ziehweg durch den Wald abwärts zum Trautmannsdorfer Bach. In der Talsohle zu einem **Teich** und auf Feldwegen zu einem Wohnhaus. Südlich davon wechselt man an das linke Ufer.

An einer Flurstraße talauswärts, am Rand einer Häusergruppe vorbei und nun auf einem Flurweg zur gelb betafelten **Handspur**; gemeinsam mit dieser leicht bergan zur **Haltestelle Trautmannsdorf**. Vor der Eisenbahnkreuzung zweigt man rechts ab und geht an der Reserlstraße zum Wald-Café. (Hierher leitet aus dem Ort Trautmannsdorf der »Taferlweg«; dieser ist ebenfalls mit dem Bahn-Wanderweg kompatibel.) Nun durch ein Waldstück; anschließend linkshaltend: Am **Hohe-Warte-Weg** leitet ab dem Haus 398 ein Fußweg abwärts zum Kreisverkehr. Unweit davon erreicht man die Endstation **Bad Gleichenberg**.

Anschließend eventuell noch ein Spaziergang durch den nahen Kurpark, in den Ort und zur Therme.

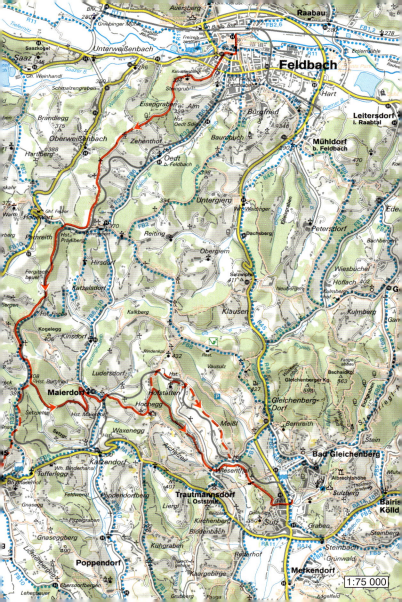

30 Bad Gleichenberger Walderlebnispfad

3.15 Std.

In geschickter Weise über die Gleichenberger Kogel

Der Bschaidkogel und der Hochkogel haben jeweils eine typische Vulkanform; beide Kegel sind stark bewaldet, stehen eng nebeneinander und sind von weitem als die Gleichenberger Kogel erkennbar. Deren Terrain ist ein hoch geschätztes Erholungsgebiet: Der in den Jahren 2002–2005 neu gestaltete Walderlebnispfad ist 6,2 km lang und enthält eine Reihe sogenannter Erlebnis-Stationen. Insgesamt gibt es 21 derartige Einrichtungen, wie beispielsweise einen Hantelsteig, eine Wurzelstiege, einen Balancierpfad und auch eine Hängebrücke; nach einer Runde um den Lebensbaumkreis wandelt man auf dem Indianerpfad, verständigt sich dank eines Baumtelefons und klopft schließlich ein Waldxylophon ab. Zusätzlich gibt es an Ort und Stelle nachlesbare Informationstexte zum Thema »Wald«.

Ausgangspunkt: Bad Gleichenberg, 317 m, Gleichenberger Weinstüberl (geöffnet ab 15 Uhr, R: So), Bernreither Straße 61 (unweit der Polizeistation). Anfahrt siehe Tour 31.
Höhenunterschied: 380 m.
Anforderungen: Großteils Waldgelände; die Wege sind gut markiert und speziell beschildert.

Einkehr: Unterwegs keine.
Tipps: Spaziergang durch Bad Gleichenberg, den ältesten Thermal-Kurort der Steiermark (seit 170 Jahren) mit großzügig gestaltetem Kurpark.
Rundfahrt mit dem Citybus, dieser verkehrt bis Bairisch-Kölldorf; Benutzung kostenlos. Infos und Fahrplan: www.badgleichenberg.at.

Ab dem **Gleichenberger Weinstüberl** die Bernreitherstraße bergan. Man erreicht nach dem Buschenschank Johannishof eine Gabelung beim Buschenschank Moik: Rechts des Baches auf der **Gertraud-Moik-Promenade**, sodann dem Eichgrabenweg folgend taleinwärts und über den »Enziansteg« heran zur großen Info-Tafel; hier beginnt der **Walderlebnispfad**. Der gut trassierte Steig leitet durch Buchenhaine und Eichenbestände bergan, zugleich von Erlebnis-Station zu Erlebnis-Station. Den ersten Kulminationspunkt erreicht man bei der als Aussichtsturm dienenden **Enzian-**

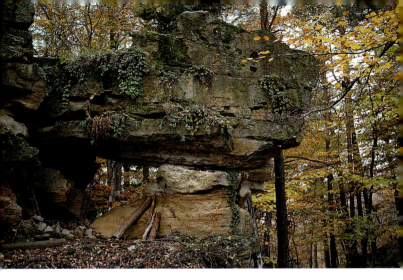

Vom Efeu überwucherte Vergangenheit: der ehemalige Mühlsteinbruch.

warte bzw. beim angrenzenden **Mühlsteinbruch**; er ist historisch bedeutend: Die Mühlen im Raabtal arbeiteten mit Mühlsteinen, welche von diesem Platz stammten. Die erste Erwähnung dieser Bruchstelle datiert von 1825; vermutlich im Jahr 1914 wurde der Mühlsteinbruch stillgelegt. Ein kleines Gipfelkreuz schmückt die höchste Erhebung des Bruchrandes; auch liegt ein Gipfelbuch auf.

Der Erlebnispfad leitet abwärts in den **Bschaidkogelsattel**. Linkshaltend, dem Hinweis »Kogelgipfel« bzw. dem Weg 12 folgend, zunehmend steil auf die Gipfelkuppe des **Hochkogels**; die Mauerreste stammen vermutlich von einer Materialbahnstation. Nordseitig führt ein Steig bergab. Man gelangt auf diesem zu einer **Unterstandshütte** der Natur- und Bergwacht. Dem Weg 1 folgend durch Mischwald talwärts. Ab dem Waldrand entlang der Erzherzog-Johann-Promenade zur **Dorfkapelle**. Bald danach biegt man linker Hand in den Eselweg ein. Als **Weg 18** leitet dieser waldwärts bergan, verläuft in einem Halbbogen und mündet schließlich in die Bernreither Straße. Auf ihr zurück zum **Gleichenberger Weinstüberl**.

31 Lindenkapelle auf dem Rudorfkogel

Die älteste Therme ist nunmehr die Jüngste

Die Grundsteinlegung für den »Curort Gleichenberg« erfolgte am 10. Mai 1834 durch Graf von Wickenburg. Dessen Gattin Emma legte ab 1837 den Kurpark an; dieser gilt als einer der schönsten englischen Landschaftsgärten Österreichs: In der 20 ha großen Anlage – von Einheimischen gern als »Grüner Salon Bad Gleichenbergs« bezeichnet – stehen zahlreiche exotische Naturdenkmäler, wie z.B. Mammutbäume. Bad Gleichenberg ist der älteste Thermal-Kurort der Steiermark. Aufgrund der neuen Kurtherme – sie nimmt im Jahr 2007 ihren Betrieb auf – gelingt Bad Gleichenberg der Sprung zurück an die Spitze. Kurgäste wollen jedoch nicht nur in einem Ressort verweilen: Deshalb bietet Bad Gleichenberg ein weitläufiges Spazierwegenetz an – samt einem Superlativ. Dieser gebührt dem Aussichtsplatz auf dem Rudorfkogel.

Ausgangspunkt: Bad Gleichenberg, 317 m, Info-Büro. Anfahrt: Von Graz über Gleisdorf (A 2, Exit Gleisdorf Süd) – Feldbach; von Leibnitz (A9, Exit Vogau); von Bad Radkersburg über Halbenrain.
Höhenunterschied: 220 m.

Anforderungen: Im Kurpark Spazierwege, ansonsten Wald- und Flurwege, auch Asphaltflächen. Zur Orientierung Straßen- und Wegschilder.
Einkehr: Wald-Café; in Trautmannsdorf Gasthof Kirchenwirt.

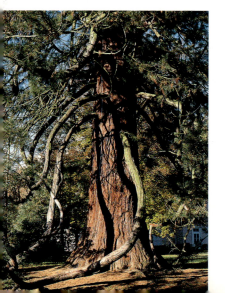

Aus der Ortsmitte von **Bad Gleichenberg** durch den Kurpark zum Bahnhof und zum **Kreisverkehr**. Gegenüber auf einem Fußweg bergan zum Hohe-Warte-Weg; man folgt diesem rechter Hand und erreicht eine Weggabelung am **Waldrand**. Linkshaltend, dem Weg 22 bzw. dem Hohe-Warte-Weg folgend, bis zu dessen Einmündung in den Rudorfweg. Sogleich rechts (Weg 22) bergan und zum **Rudorfkogel**. Auf dessen Gipfelkuppe steht die **Lindenkapelle** – so heißt dieser Sakralbau, welcher anno 2000 generalsaniert wurde, seit dem Jahr 1974. Errichtet worden

Im Kurpark: der Mammutbaum.

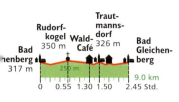

war dieselbe Kapelle im Jahr 1934, und zwar zum Gedenken an den im selben Jahr ermordeten Bundeskanzler Engelbert Dollfuß. Die Kapellenweihe fand am 21. Juli 1935 statt; im Zeitraum 1938–1974 war die Dollfußkapelle offiziell namenlos. (Auf vielen Karten wird sie immer noch als »Dollfußkapelle« bezeichnet.)

Rückweg: Vom Rudorfkogel zurück zur Weggabelung am **Waldrand**. Hier geradeaus, einem Waldweg bzw. dem Bahn-Wanderweg folgend, zum **Wald-Café**; nächst davon weist das Schild »Gehweg Trautmannsdorf« ein: Der »Taferlweg« leitet bergab, in den Talboden am Trautmannsdorfer Bach, und von diesem bergan in den schmucken Ort Trautmannsdorf. Der Dorfbrunnen ist aus Sölker Marmor gestaltet. Auf gleichem Weg zurück zum **Wald-Café**.

Nun jedoch folgt man dem Weg 23; ein Gehweg neben der Straße führt durch Wald bergab. Man überquert das Bahngleis (Vorsicht!) und gelangt auf dem Franz-Wagner-Weg zur Bundesstraße in **Wiesenthal**. Gegenüber folgt man dem Wiesenthalweg; bei dessen Einmündung rechtshaltend in die Ringstraße und an dieser ca. 100 m entlang.

Dann zweigt man links ab: Durch die **Styria-Allee** (Fahrverbot) bergan und auf einem Gehweg zur Einmündung in die Albrechtstraße. 150 m weiter erreicht man wieder die Ortsmitte von **Bad Gleichenberg**.

Am Rudorfkogel: die Lindenkapelle.

32 Von der Parktherme zum Liebmannsee

2.30 Std.

Aus der Radkersburger Altstadt die Mur aufwärts

Die Radkersburger Mur-Auen erweisen sich ganzjährig als ein reizvolles Spaziergelände. Die Orientierung ist einfach, solange man den bezeichneten Routen folgt. Auf diesen herrscht mitunter reges Leben, weil auch in dieser Region gern gelaufen wird. Noch dazu ist Bad Radkersburg das Ziel ungezählter Radfahrer. Womit sich bereits abzeichnet: Wer in diesem Gebiet einigermaßen ungestört spazieren und schlendern will, weicht saisonbedingten Spitzenzeiten – wie speziell jenen zwischen Mai und September – dank geschickter Routenwahl aus: Speziell in Flussnähe der Mur ist man sogar zu hochsommerlichen Zeiten gut aufgehoben.

Ausgangspunkt: Bad Radkersburg, 208 m; Hauptplatz, Parktherme oder Campingplatz. Zufahrt: aus Richtung Bad Gleichenberg, Leibnitz (A 9, Exit Vogau oder Exit Gersdorf). Bahn und Bus Richtung Graz, Leibnitz, Spielfeld, Mureck.
Höhenunterschied: Keiner.
Anforderungen: Spaziergelände, großteils Flur- und Waldwege.
Einkehr: Am Liebmannsee die Bootshütte (vorwiegend Getränke erhältlich; geöffnet März–Nov.).
Tipps: Die historische Altstadt lohnt für Spaziergänge ab/bis Hauptplatz via Frauenplatz, Museum, Urbani-Vinothek, Grazertor, Puch-Haus.
Für Botaniker: Beim örtlichen Tourismusverband liegen »Jahreszeiten-Folder« auf mit Beschreibungen zur regionalen Vegetation und deren Blütezeiten.

Vom Hauptplatz in **Bad Radkersburg** folgt man beliebig den zur **Parktherme** führenden Spazierwegen. Geradeaus weiter zum **Campingplatz**. Man orientiert sich nun an rot-weiß-roten Farbmarken und umgeht das eingezäunte Areal. Am Waldrand steht ein verfallenes Haus und dort beginnt auch der **Hochwasserdamm**. Auf diesem – und zugleich dem Weitwanderweg 03 folgend – flussaufwärts. Durch den im Urzustand belassenen Auwald kommt man direkt an den größeren der beiden **Liebmannseen** heran.

Bezirksstadt, Thermalort und Grenzstadt: Bad Radkersburg.

Dieses Idyll wird entlang eines Pfades im Uhrzeigersinn umrundet. Man erreicht schließlich die Bootshütte und den **Picknickplatz**. Im kleineren der beiden Liebmannseen ist das Baden »auf eigene Gefahr« gestattet.
Man setzt den Spaziergang um den größeren See fort, erreicht wiederum den Dammweg und biegt in diesen links ein. Man geht gut 100 m weit und zweigt nun bei der Tafel »**Wasserlauf**« in spitzem Winkel rechts ab. Nach ca. 600 m führt der Weg an die Mur heran. Nun, dem **Uferpfad** folgend, flussabwärts, vorbei an den Fluss-Kilometer-Tafeln 104 und 103, bis zu einer betonierten Bootsrampe.
Nach dem Grenzstein IV/51 zweigt man linkshaltend ab und erreicht mit wenigen Schritten den Damm bzw. Weitwanderweg. Auf diesem zurück zum **Campingplatz**. Von hier zur **Parktherme** und – wiederum beliebig – zurück in das Stadtzentrum von **Bad Radkersburg**.

33 — Die »Antenne« in den Mur-Auen

3.00 Std.

In den südöstlichsten Zipfel der Steiermark

Dieser Erlebnisweg, dessen Hauptthema die Mur ist, heißt »Antenne Flusslandschaft« und leitet durch die südöstlich von Bad Radkersburg liegenden Mur-Auen. Die Strecke verläuft in Form einer schlanken Schleife. Die Informationspunkte sollen als eine Art Außenstelle des örtlichen Regionalmuseums verstanden werden. Zentrales Thema ist die Mur: Gleich einem roten Faden durchzieht dieser innerhalb Österreichs längste Fluss speziell die Geschichte des Landes Steiermark; all die flussnahen Geschehnisse des Gedeihens, des Leidens, des Vergehens sowie des Werdens und des Seins sind in gleichermaßen wechselnder wie schicksalhafter Reihenfolge festgeschrieben. Zudem war Radkersburg immer ein Grenzpunkt. Jede Station des Antenne-Weges dokumentiert jedoch nicht nur Historien, sondern reflektiert ebenso das Naturbezogene Verständnis in der Gegenwart. Schlussendlich gelangt man mit Hilfe dieses lehrreichen Pfades gar in den südöstlichsten Zipfel der Steiermark.

Die Mur als Grenzfluss: von den Königskerzen auf steirischem Boden nach Oberradkersburg in Slowenien.

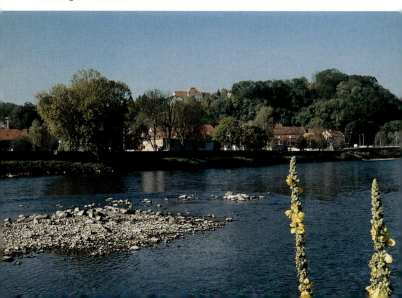

Ausgangpunkt: Parktherme Bad Radkersburg, 208 m (großer Parkplatz). Zufahrt: Aus Richtung Bad Gleichenberg, Leibnitz (A9, Exit Vogau oder Exit Gersdorf). Bahn und Bus Richtung Graz, Leibnitz, Spielfeld, Mureck.
Höhenunterschied: Keiner.
Anforderungen: Spazier- und Wanderwege.
Einkehr: Unterwegs keine.
Variante: Zum südöstlichsten Punkt der Steiermark (Seehöhe: 200 m). Ab dem Infopunkt Antenne Nr. 4 zunächst auf einem Feldweg, alsbald auf einem Pfad und somit wieder nahe dem Mur-Ufer flussabwärts zum – rein informell – »südöstlichsten Punkt der Steiermark«, dargestellt durch den Sektor-Grenzstein IV/1; dieser trägt die Inschrift »St. Germain – 10. September 1919«. Die Staatsgrenze Österreich/Slowenien verläuft (exakt 46,6 m vom erwähnten Grenzstein entfernt) in der Flussmitte der Mur. Gehzeit hin und zurück 50 Min.

Der Flussname *Mur* wurzelt im indogermanischen »Mar«, ableitend von »Mor«, was hinweist auf stehendes Wasser, auch Sumpf bzw. sumpfigen Wasserlauf. Ähnliches sagt der Name »Mur« auch im Slawischen aus. Die Zeit-Reise entlang des Themenweges »Antenne Flusslandschaft« beginnt also an den etymologischen Wurzeln.

Spurensuche: der südöstlichste Punkt der Steiermark und zugleich Österreichs – der Sektor-Grenzstein IV/1 (gültig seit 10. September 1919).

Gegenüber dem **Hotel Triest** – unweit der Parktherme – steht der Antenne-Infopunkt Nr. 9; dieser bezieht sich auf das Thema »Die Mur im Wandel der Zeit«. Der Weitwanderweg 03 leitet durch den Stadtpark noch zum **Grazertorplatz**. Sodann benutzt man bei der **Murbrücke** die Fußgänger-Unterführung. Alsbald leitet der ufernahe Pfad den Mur-Damm entlang. Beim Fluss-Kilometer 101 eröffnet sich ein umfassender Ausblick, nämlich über die silbrig schimmernde Flussmitte und damit über die Staatsgrenze hinweg nach Oberradkersburg bzw. Gornja Radgona. An der folgenden **Steiggabelung** hält man sich rechter Hand und geht folglich weiterhin nahe an der Mur flussabwärts. Zwischen den Grenzsteinen IV/27 und IV/28 steht der Fluss-Kilometer 100. Nach dem Grenzstein IV/26 erreicht man den Antenne-Infopunkt Nr. 2: »Unbändig die Landschaft formend«. Die dritte Station informiert über »Das Ringen des Menschen mit dem Fluss«. Nach jenem Brückerl, welches den **Drauchenbach** überspannt, wird das vierte Thema – »Im Dienste der Händler und Fischer« – präsentiert. (Geradeaus weiter zum

Sektor-Grenzstein IV/1; siehe Variante.)

Rückweg: Linkshaltend bzw. nordwärts entlang einer Flurstraße und über eine **Furt**; danach erreicht man, wenige Schritte vom Fahrweg entfernt, eine gezimmerte **Aussichtsplattform**; diese dient der Antenne-Station Nr. 5: »Die Kräfte des Wassers – Nutzen und Unheil«. Man folgt der Flurstraße noch bis zu einem Damm, wo man sich rechter Hand hält. Der breite **Dammweg** führt durch Auwald und man erreicht eine **Gabelung**: Hier rechts zu einem Teich; an der Station 6 – »Wiederentdeckte Wertschätzung« – kragt eine Beobachtungsplattform U-förmig ins Wasser. Man geht zurück zum Hauptweg und folgt diesem zur nächsten **Weggabelung**. Hier, am nächsten Teich, rechtshaltend entlang bis zur Einmündung in die Asphaltstraße. Nun links zur **Sportanlage** bzw. zur Antenne Nr. 1: »Die Mur im Wandel der Zeit«. Durch die Mitterlingstraße kommt man wieder zur Fußgänger-Unterführung bei der **Murbrücke**. Beliebig weiter – eventuell auch durch das Stadtzentrum – zur **Parktherme**.

Augenblicke des Innehaltens zwischen dem steirischen und dem slowenischen Ufer der Mur: an der Mündung des Drauchenbaches.

34 Edelsbacher Kreuzweg

2.30 Std.

Von Rost, Glas und Keramik zu verinnerlichter Erkenntnis

Zwölf Künstler aus der Region um Feldbach schufen im Jahr 1998 einen Kreuzweg der Moderne. Verarbeitet wurden so unterschiedliche Materialien wie Stahl, Beton, Eisen, Keramik, Glas. Deren Symbolkraft reflektiert die fortwährende Auseinandersetzung des Menschen auf seinem persönlichen Kreuzweg: Derart unterschiedlich sind Verhaltensformen, Wahrnehmungen und erst recht Weltanschauungen.

Ausgangspunkt: Edelsbach bei Feldbach, 328 m, Kirche. Anfahrt: A 2 Südautobahn, Exit Gleisdorf Süd.
Höhenunterschied: 230 m.
Anforderungen: Zu Beginn steiler bergan; zwischendurch auf Asphalt, im Herzstück des Weges nur Naturboden.
Einkehr: In Wetzelsdorf Gasthaus Brückenwirt (R: Mo, Di).
Variante: Von der Dornhoferkapelle direkt zurück nach Edelsbach, insgesamt ca. 45 Min. kürzer.

Tipps: Das Brückenbau-Museum (R: Mo) birgt maßstabgetreue Modelle aller Arten Brücken und Industrieanlagen; Freigelände mit zahlreichen Original-Exponaten.
Der Bienengarten »Vier Jahreszeiten« – eine Schau-Imkerei samt Honigladen – stellt sich dar mit dem »größten Bienenkorb Österreichs«.
Beide Anlagen sind in bzw. nahe Edelsbach situiert und jeweils vom 1. April bis 31. Oktober geöffnet.

In **Edelsbach** ließen an jener Stelle, wo die dem heiligen Jakobus geweihte Pfarrkirche steht, anno 1484 die »Herren von Erlspach« eine Kapelle errichten. Aber bereits um das Jahr 1100 wird eine Pfarre St. Jakob genannt. Rund 900 Jahre später pilgern, schlendern, spazieren, folgen Menschen dem **Kreuzweg**. Der Fußweg leitet an einer Berglehne aufwärts; man passiert die Stationen 2 bis 6. An der Einmündung in die Straße steht die Station sieben. Man folgt nun der Asphaltstraße.

Dramatischer Kulminationspunkt: Die Kreuzweg-Station 12 wurde auf einer Geländekuppe platziert.

Die **Station 8** – »Christus begegnet den weinenden Frauen« – wurde von Barbara Pranger aus Kapfenstein gestaltet. Gegenüber der **Station 9**, »Jesus fällt das dritte Mal unter dem Kreuz« (gestaltet von Albena und Michael Podbelsek, Kumberg), wendet man sich dem Geländerücken zu und steigt daran bergan. Die Station 11, »Jesus wird ans Kreuz genagelt«, ist als Glasbild gestaltet; drei Nägel symbolisieren die Kreuzigung und jeder der Nägel ist von Blutstropfen umgeben. Schließlich erreicht man eine Geländekuppe, zugleich den Höhepunkt der spirituellen Dramatik, die **Station 12**, »Jesus stirbt am Kreuz«. Der Fußweg leitet nun ostwärts bergab zur **Dornhoferkapelle**; diese wurde im Jahre 1883 von J. und A. Gsöls errichtet und ist nunmehr identisch mit der letzten Station des Kreuzweges.

Der **Rückweg** erfolgt entweder direkt von hier (Variante) – oder man geht zuvor bergab nach **Wetzelsdorf**, stärkt sich hier und geht anschließend, wiederum dem **Kreuzweg** folgend, zurück nach **Edelsbach**.

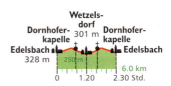

35 Sterngucken im Vulkanland

3.15 Std.

Zuerst durch unser Sonnensystem, danach zu Himmel und Erde

Der Planetenweg wurde als Erstes geschaffen, und zwar von einer Blindengruppe. Sodann errichtete die Vulkanregion den Himmel-Erden-Weg. Seit dem Sommer 2006 sind beide Wege verbunden und ergeben gemeinsam eine ansehnliche, zudem in hohem Maße unterschiedlich beschaffene Rundstrecke: Der Planetenweg verläuft ausschließlich entlang von Straßen, hingegen schreitet man auf dem Himmel-Erden-Weg vorwiegend über Naturboden.

Am Planetenweg informieren Schautafeln über charakteristische Einzelheiten der Planeten, wie beispielsweise deren Größe, Masse, Gewicht, Temperaturen, Anzahl der Monde, erst recht auch über die Entfernung des jeweiligen Planeten zur Sonne. Ganz anders gestaltet ist der Himmel-Erden-Weg: Dieser ist angereichert mit so verheißungsvollen Erlebnis-Stationen wie einem Himmelstor, einer Himmelsleiter und auch einem Farn-Theater. Lassen auch Sie sich überraschen!

Von »Himmelsguckern« geschätzt: die Auersbacher Sternwarte.

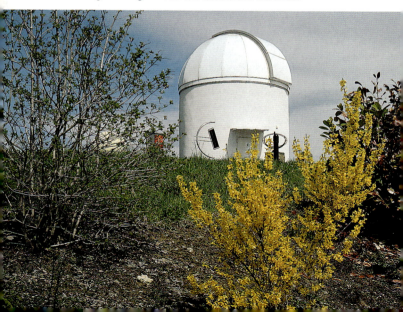

Ausgangspunkte: Wetzelsdorf, 301 m, Brückenwirt (R: Mo, Di) oder (10 Min. näher) Innovationszentrum Auersbach; jeweils mit Parkplatz und Übersichtstafel. Anfahrt: A 2 Südautobahn, Exit Gleisdorf Süd.
Der offizielle Einstieg zum Himmel-Erden-Weg liegt am Parkplatz Schloss Kornberg; dieser Ausgangspunkt empfiehlt sich dann, wenn man ausschließlich die gesamte Strecke zurücklegen will.
Höhenunterschied: Bis zu 270 m.
Anforderungen: Buggy-taugliche Strecke Wetzelsdorf – Sternwarte; jedoch auf den Verkehr achten, denn der Planetenweg ist überwiegend nicht von der Fahrbahn getrennt. Verstärkt angenommen wird der Himmel-Erden-Weg, weil dieser überwiegend auf Naturboden verläuft.
Einkehr: Heurigenschenke Zum Sterngucker (R: Di, Mi), Mostschenke Nestelberger (geöffnet an Sa, So und Fei ab 14 Uhr, Fr ab 17 Uhr), Schlosswirt auf Schloss Kornberg (April–Dez., Do–So).
Tipps: Führungen auf der Auersbacher Sternwarte, jeden Freitag (außer an Tagen um den Vollmond); für Gruppen ab 10 Personen auch an übrigen Wochentagen; Anmeldung: ✆ 0664/4231233; www.zumsterngucker.at.
Das Schloss Kornberg, mit Schlossmuseum und Ausstellungszentrum; geöffnet vom 1. März bis 23. Dez.; www.schlosskornberg.at.

Ab dem **Gasthaus Brückenwirt** leitet der Planetenweg nächst der Straße nach Norden zum **Innovationszentrum** und von diesem zum Infopunkt nächst der **Gabelung** Wieden/Auenberg. Ab dem Standort des Saturn die Straße bergan zu den Stationen Jupiter, Mars, Erde, Venus, Sonne und Merkur. Die beiden Letzteren sowie die **Auersbacher Sternwarte** und die Einkehrstätte Zum Sterngucker stehen auf derselben Geländekuppe; mit dieser ist das erste Etappenziel erreicht.

Es lohnt hier, auch die nur kurz entfernt stehende **Almkapelle** (erbaut 1887 und renoviert 2004) aufzusuchen.

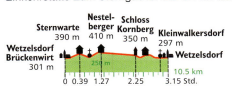

Ein wahres Stück Ost-Steiermark: die kleinstrukturierte Landschaft, wie hier im Gemeindegebiet von Auersbach.

Das nächste Etappenziel liegt bei der Mostschenke Nestelberger; zu dieser gelangt man auch über die Almkapelle und entlang von Höhenstraßen, somit in sonnenreicher Lage und mit geringerem Höhenunterschied. Grundsätzlich benutzt man jedoch als Übergang den **Himmel-Erden-Weg**; dieser leitet vom Sterngucker abwärts in den **Rohrbachgraben** und daraus bergan zum **Rinneregg** (Panorama-Tafel). Leicht bergab zur **Mostschenke Nestelberger**.

Im nun dritten Abschnitt ist der Himmel-Erden-Weg identisch mit dem Weg 750; man gelangt über die Höhenrücken von Scheibelberg und Kogelberg zur **Station Neptun** und schlendert durch den Schlosspark an die Südseite von **Schloss Kornberg**. Der fakultative Abstecher leitet die Straße abwärts zum Schlosseingang bzw. zur **Station Pluto**; dieselbe Strecke zurück herauf zum Schloss.

Der **Rückweg** führt vom Schloss durch dessen Park zur Station **Neptun**. Alsbald linker Hand durch Wald abwärts zur **Landesstraße**. Links, an der Straße, nur so weit, bis man rechter Hand jenem Flurweg folgen kann, welcher durch den Talboden zu einer Brücke führt. Auf dem anschließenden Flurweg nach **Kleinwalkersdorf**; neben der Fatima-Kapelle steht ein Haus (Jahreszahl 1869). Aus dem kleinen Ort nordwärts bzw. taleinwärts gehend zur Station Uranus und zum Brückenwirt in **Wetzelsdorf**.

Ausstellungszentrum von März bis in den Dezember: das Schloss Kornberg.

36 Aus dem Raabtal zur Riegersburg

5.30 Std.

Die größte und meistgerühmte Festung der Steiermark

Die Riegersburg, bis zum Jahr 1685 zur »stärksten Festung der Christenheit« ausgebaut, wurde nie erobert. Nunmehr kann dieselbe Burganlage ganzjährig frei begangen werden. Beim Anstieg zur Burg passiert man fünf eindrucksvolle Tore: das Steinkellertor, das Cillitor, das Annentor, das Lichteneggertor und schließlich – nomen est omen – das Pyramidentor. Der Zugang in das Herzstück der Anlage, in das ständig bewohnte Schloss, erfolgt über eine archaische Zugbrücke. In den historischen Ausstellungsräumen dominiert die Eiserne Jungfrau – ein wahres Schrecknis, welches mit seinen spannenlangen Stahlspitzen alle Träume von der guten alten Ritterszeit zermartert, zersticht, zerstört. Der Erfolg des täglich erlebbaren Gruselspiels hallt schier unvergänglich nach: Die seinerzeitige Landesausstellung »Hexen und Zauberer« war die mit Abstand landesweit meistbesuchte Exposition aller Zeiten ... und die Riegersburg beweist sich als ein fortwährend populäres Ziel.

Ausgangspunkt: Lödersdorf, 280 m, ÖBB-Haltestelle. Vom Bahnhof Feldbach (Park+Ride-Platz) hierher per Zug.
Endpunkt: Feldbach, 282 m, Bahnhof.
Höhenunterschied: 500 m.
Anforderungen: Überwiegend Flurstraßen (Sand, Asphalt), auch Waldwege; Markierung genau beachten (Riegersburg – Feldbach Weg Nr. 786).
Einkehr: Gasthof Zur Riegersburg (Fink), Taverne auf der Riegersburg, Schlemmerstüberl (R: Do) nahe Bahnhof Feldbach.

Tipps: Ort Riegersburg mit Badesee, Weinmuseum, Vulkano-Schinken-Erzeugung; www.riegersburg.com.
Am Schlossberg die Riegersburg, 1128 erstmals urkundlich genannt, im 17. Jh. ausgebaut; mit Burg- und Hexenmuseum, Greifvogelschau; Burglift (Standseilbahn); www.veste-riegersburg.at.
Am Fröhlichberg die Schokolade-Manufaktur Zotter; www.zotter.at.
Bezirksstadt Feldbach, mit Hauptplatz (Metzen), Tabor-Museum, bemalter Kirchturm; www.feldbach.at.

Dieser Ausflug läuft unter dem Motto »Wandern mit Bus und Bahn« ab; die ÖBB-Linie Graz – Fehring – Graz wird ganzjährig täglich bedient.
Von der Bahnstation **Lödersdorf** erreicht man sogleich den Kern des gleichnamigen Ortes und orientiert sich am markierten Weg bzw. an der Tafel »Kundnerberg«. Die Straße leitet bergan zur Abzweigung am Waldrand (Holzpfeil »Riegersburg«). Im Wald bergan, dabei genau auf die Markierung achten. Danach erreicht man die Obstplantagen in **Draußenegg**. Entlang der Straße, zwischendurch auf einem Waldsteig, zur Einmündung der Wege 07 und 10. Hier linkshaltend. Man folgt diesen Wegnummern und

Von allen Seiten sichtbar, jedoch aus jedem Blickwinkel in einer anderen Bauform wahrnehmbar: Burg und Schloss Riegersburg.

Trutzig und uneinnehmbar seit Anbeginn: Die Riegersburg zeigt sich mit ihrer Westseite am eindrucksvollsten.

geht entlang einer **Höhenstraße** (die Reihe Familienhäuser linker Hand gehört zu Edelsgraben) zur Gabelung am **Kleinbergl**. Noch vor jener Geländekuppe mit Weingärten hält man sich rechts. Nach dem Haus Nr. 85 verläuft der Steig über die Wiese; vor dem Wald hält man sich an dessen Rand abwärts. Sodann quert man linker Hand an geeigneter Stelle in den Wald; darin bergab und eher linkshaltend abwärts zum talnahen Waldrand. Hier überquert man den **Grazbach**; am Sportplatz entlang zum Badesee. Ab hier auf einem Fußweg, bergan, in den Markt **Riegersburg**. Aus der Ortsmitte bzw. vom Gasthof Fink erreicht man einen gemauerten Torbogen. Dahinter setzt der mit Steinen jeder Größe grob gepflasterte Aufgang an, welcher durch die fünf Tore auf die **Burg** bzw. zum Schloss leitet.

Der **Abstieg** erfolgt grundsätzlich auf derselben Strecke bis zum Beginn des Burgweges. Ab hier geht man westwärts, an der Straße, bergab. Im Nachbarort **Altenmarkt** zweigt man links bzw. südwärts ab. An einer Flurstraße bergan, alsbald durch Wald, auch am Waldrand und auf die flache Kuppe am **Fröhlichberg**. Bei der Kapelle (erbaut 1858) überquert man die Hauptstraße. Hier steht die Schokolade-Manufaktur Zotter; von dieser entlang der südwärts führenden Nebenstraße. Am **Kollerberg**, dessen Kuppe man überschreitet, bis zu jenem Gehöft, vor dem ein Wegkreuz steht. Hier in den Wald, darin an einer Flurstraße durch Kehren abwärts zu den

Häusern in Schützing und zur Straße. An dieser 250 m taleinwärts. Ab dem Transformator bergan zur Tischlerei Knaus und zum stattlichen Praßl-Hof (mit Ab-Hof-Verkauf). Nach dem Ortsende von **Schützing** geradeaus abwärts zum Gehöft Hattinger und entlang eines Wiesenweges zum Wegkreuz am **Konixberg**. Die Straße abwärts, vorbei an der **Baumschule Amschl** zum Kreisverkehr. Entlang der Raabauer Straße zur Eisenbahnkreuzung und über diese zum nahen **Bahnhof Feldbach**.

37 Fünf-Elemente-Weg um Wörth

3.15 Std.

Aus eigener Kraft erleben: Feuer, Erde, Metall, Wasser, Holz

In das Projekt »Wandern auf den Spuren der Vulkane« hat sich die Gemeinde Baumgarten mit dem Thema der fünf Elemente eingeklinkt und präsentiert diese: Auf dem Dorfplatz in Wörth stehen »Sonnenstühle«; am Kochberg liegt das »Sandsteinplatzl«; am Brandlegg erklingt der »Gong«; in Badenbrunn (sic!) kühlt das »8-förmige Kneippbecken« Arme und Beine – und am Kögerlegg verwöhnen »Traumliegen« des Menschen Sinne. Der Fünf-Elemente-Weg gliedert sich in mehrere Abschnitte.

Ausgangspunkt: Wörth, 313 m, Mondscheinstüberl (Do ab 16 Uhr, Fr–So, Fei ab 14 Uhr). Anfahrt: Aus Richtung Graz über Kirchbach – St. Stefan im Rosental.
Höhenunterschied: 220 m.
Anforderungen: Nebenstraßen, Flur- und Waldwege; spezielle Beschilderung.
Einkehr: Buschenschank Hirschmann (Fr, Sa ab 16 Uhr, So und Fei ab 14 Uhr); Gratzlwirt/Gasthaus Tropper (R: Di).
Variante: Der »Gong« am Brandlegg ist mit dem Rundweg 3 (»Element Metall«) erreichbar; zum »Gong« 30 Min.; Rundweg ab/bis Wörth 3½ Std., 11,5 km.
Tipps: Anna-Suppan-Gedächtniskirche in Wörth, erbaut 1938, renoviert 1998. (A. Suppan wird als »Dorfheldin« verehrt.)
In Badenbrunn das Geburtshaus des Komponisten Prof. Franz Fuchs der Ältere (1873–1955).

In der hier beschriebenen Rundstrecke sind der Rundweg 1 (Element Holz) und der Rundweg 2 (Erde, Wasser) vereint.
Inmitten des Dorfplatzes von **Wörth** stehen die »Sonnenstühle«; deren spitz geformten karminroten Lehnen symbolisieren eindrücklich das **Element Feuer**. Man geht an der Straße in Richtung Sportanlage. An der **Abzweigung** steigt eine Hofzufahrt an; sie leitet sonnseitig zum Gehöft Hohl. Unweit davon folgt man einem geradewegs, daher steil bergan führenden Wiesenweg. Auf dem **Kögerlegg** laden jene zwei »Traumliegen«, welche das **Element Holz** symbolisieren, zu längerem Verweilen ein.

Ruhe mit Würde: Die beiden »Traumliegen« auf dem Kögerlegg symbolisieren das Element Holz.

Zurück zur **Abzweigung**; an der grabeneinwärts und alsbald bergan führenden Straße zum **Buschenschank Hirschmann**. Von hier noch kurz bergan zum Höhenrücken; hier linker Hand bzw. südwärts zum **Gratzlwirt**. An der Landesstraße nur kurz abwärts; linkshaltend zur **Anna-Suppan-Gedenkstätte**. Den Flurweg abwärts zur Landesstraße; man überquert diese und folgt nun einer Flurstraße durch einen Wald zu einer Gabelung beim Gehöft Niederl; links davon, einem Wiesenweg folgend, auf den **Kochberg**. Somit erreicht man zugleich das traumhaft situierte »Sandsteinplatzl« bzw. das **Element Erde**. Über die Kuppe abwärts zu einem Schafkral und zum Ferienhaus Schönmaier (Hallenbad, auch für Nicht-Hausgäste). Entlang der Straße abwärts zur **Kapelle** beim Haus Steiermark; ab hier, halblinks, an einer Hofzufahrt (Fahrverbotstafel) bis in den Wald und darin zu einer Gabelung; Wegtafeln. Nun links und abwärts nach **Badenbrunn**. Vom Teich und Bildstock zum **Element Wasser** bzw. zum originellen »8-förmigen Kneippbecken«. An der Straße talauswärts und direkt an den Wörthbach heran; ein Steg (Brett) verbindet zum linken Ufer. Bachaufwärts nach **Wörth**.

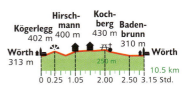

38 Kaskögerlweg Poppendorf

3.15 Std.

Durch Fluren und Wälder dem Vulkanismus auf der Spur

Der Kaskögerlweg ist ein Themenweg und wurde Mitte September 2005 eröffnet. Die zahlreichen Erlebnis-Stationen erläutern das Relief der Landschaft; entscheidend daran mitgewirkt hat der Vulkanismus. Ebenso beschrieben wird die vielgestaltige Kulturlandschaft. Nicht zuletzt erklärt sich der Begriff »Kaskögerl«: Kies heißt im Volksmund Kas; folglich wurde aus dem örtlichen Kieskögerl – umgangssprachlich bedingt – das Kaskögerl.

Ausgangspunkt: Poppendorf, 280 m, Gemeindeamt. Anfahrt aus Richtung Graz, Feldbach oder Bad Gleichenberg.
Höhenunterschied: 200 m, samt Gegensteigungen.
Anforderungen: Flurwege, Waldwege, Wiesenpfade, kurze Abschnitte auf Asphalt; speziell beschildert, Übersichtstafeln, Infos an allen Erlebnis-Stationen.

Einkehr: Dorfbeisl Zum Wiedehopf (R: Di); Gasthaus Binderhansl (R: Mo); Schlosstaverne (R: Mi).
Varianten: Zur Kalvarienbergkirche und zum Gasthaus Binderhansl ab dem Ort Gnas, Gehzeit 15 bzw. 20 Min. (Landesstraße mit Gehsteig). Oder ab dem Bahnhof Gnas, 25 bzw. 30 Min. (Straße, Wanderweg, Gehsteig).

Grundsätzlich ist der Wegverlauf eindeutig: Aus der Ortsmitte von **Poppendorf** leiten die speziellen Wegschilder zur Brücke und man geht auf einem Flurweg bergan zu einem frei stehenden Gehöft. Anschließend gelangt man in ein Waldgelände und durchquert dieses so weit, bis schließlich ein Flurweg heranführt an die Erlebnis-Station auf dem **Tofferlegg**. Schautafeln informieren zum Thema »Von der Vergangenheit in die Gegenwart«. Wer in das fixierte Schein-Fernrohr blickt, nimmt die ehemaligen Hochstradener Lavaseen sowie glühende Vulkaninseln wahr: Vor 17 Millionen Jahren brach der Gleichenberger Vulkan das erste Mal aus; noch vor zwei Millionen Jahren waren in der näheren Umgebung zahlreiche Vulkane tätig;

Das vulkanologisch interessante Herzstück am Kaskögerlweg: der einstige Kraterrand.

einer davon war der Kaskögerl-Vulkan. Unweit vom Tofferlegg erreicht man das **Gasthaus Binderhansl**. An dessen Seite führt ein Gehweg entlang der Landesstraße kurz abwärts; dann zweigt man links ab.
Alsbald leiten Holztreppen in das Herzstück dieses Weges: Am **Kaskögerl** sind Sedimente zum Greifen nahe freigelegt. Jede Ablagerungsschichte offeriert sich wie ein Protokoll; an Schichtenstärken und Material-Zusammensetzungen lässt sich die Intensität der jeweiligen Eruption nachweisen.
Anschließend erreicht man den topografisch höchsten Punkt und zugleich den stattlichen **Obsthof Haas**; Rastplatz und SB-Getränkebox. Der Kaskögerlweg leitet zunächst durch Obstgärten; anschließend folgt man einem Waldweg und gelangt in einen seichten Graben. Nun führen ein Wiesenweg und ein Flurweg zu einer Gabelung. Ruckzuck erreicht man das **Schloss Poppendorf**. Dasselbe Wegstück zurück zur nahen Gabelung. Nun unterhalb des Schlosses zum talseitigen Waldstück. Darin, linkshaltend, abwärts und zu einem Brückerl. Am Poppendorfer Bach talaufwärts nach **Poppendorf**.

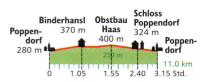

39 Geo-Trail Kapfenstein

1.15 Std.

Der erste Lehrpfad seiner Art im Steirischen Vulkanland

Der Geo-Trail ist 2 km lang, besteht seit dem Jahr 2001 und war der erste Lehrpfad seiner Art. An elf anschaulich gestalteten Stationen wird in populär-wissenschaftlicher Weise die wortecht feurige Entstehungsgeschichte dieser Region dargestellt: Darin waren vor rund zwei Millionen Jahren mehr als 40 Vulkane ausgebrochen. Das von ihnen geschaffene Relief heißt nunmehr »Steirisches Vulkanland«. Die Idee zum Geo-Trail Kapfenstein entstammt dem Geo-Logic-Team Hermann/Loizenbauer/Messner; dasselbe Team zeichnet für die Planung und Umsetzung verantwortlich. Mit dem Geo-Trail Kapfenstein gelang der Durchbruch zu einer gehobenen Qualität im Wandertourismus.

Ausgangspunkt: Kapfenstein, 300 m, Gasthof Kapfensteiner Hof, am Hausberg, 1 km außerhalb des Ortes. Anfahrt: Aus Richtung Graz über Gleisdorf (A 2, Exit Gleisdorf-Süd) – Feldbach – Fehring. Von Bad Radkersburg über Klöch – St. Anna am Aigen.
Höhenunterschied: 70 m.
Anforderungen: Spaziergelände und Hangtreppen. An jeder der elf Erlebnis-Stationen steht eine spezielle Info-Tafel.
Einkehr: Gasthof Kapfensteiner Hof (R: Do), Restaurant auf Schloss Kapfenstein, mit Terrasse.
Variante: »Weg der Besinnung«. Dieser Themenweg führt ebenfalls rund um den Kapfensteiner Kogel. Dabei gelangt man zu folgenden neun ausgewählten Plätzen: Hoher Stein, Marienbründl, Josefsbild, Ort des Feuers, Herz-Jesu-Kirche, Vitales Zentrum, Ort des Tanzes, Pfarrkirche zum heiligen Nikolaus, Platz an der Kirche. An jeder Station Meditations-Texte.
Tipp: Das Schloss Kapfenstein, entstanden aus einer ehemaligen Wehrburg (11. Jh.); Weinkeller des Gutes Winkler-Hermaden.

Auf dem Kapfensteiner Kogel: die Herz-Jesu-Kapelle.

Der Kapfensteiner Kogel wird im Uhrzeigersinn umrundet. Am Ausgangspunkt, welcher dem **Kapfensteiner Hof** gegenüberliegt, steht die erste Station. Man geht bergan zur nahen **Kirche**, wo die Stationen 2 und 3 installiert sind. Ein Waldweg verbindet zur Station 4; diese steht auf der **Plattform**: In einem Schein-Fernrohr zeigt sich der Vulkan von Gleichenberg. Der Geo-Trail leitet in südseitigem, teils bewaldetem Gelände bergan zu den Stationen 5 bis 7. Schließlich, bei der Station 8, steht man auf der **Gipfelkuppe** des Kapfensteiner Kogels.

Im hier installierten Schein-Fernrohr sieht man den Vulkan von Riegersburg und blickt in dessen Feuerschlot. Von der auf so prächtigem wie kraftreichem Platz erbauten **Herz-Jesu-Kapelle** schlendert man zu Weingärten und – bergab, am **Schloss Kapfenstein** nordseitig vorbei – zu den Stationen 10 und 11: Diese letzte Station heißt »Die Eruptionen«.

Der Rundgang entlang des Geo-Trails schließt unweit davon: beim **Kapfensteiner Hof**.

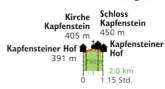

40 Über den Stradner Kogel, 609 m

3.30 Std.

Zur Aussichtswarte am Gießelsdorfberg

Einen Wirt wie jenen des Buschenschanks Schober wünscht man sich öfter: Jeder Gast, der sich nach dem Wegenetz erkundigt, freut sich, wenn er kompetent beraten wird und zusätzlich etliche Hintergrundinformationen erhält. Am Stradner Kogel lief bewegende Geschichte ab. Wenn Zeitzeugen dazu berichten, erzählen und natürlich auch ihre Erinnerungen schildern, dann steigert sich ein Wandertag urplötzlich zu einer Zeit-Reise. Eine solche Zunahme inneren Wertes lässt sich an weiteren Stationen erleben: Auch am Schoberhof und am Grenzlandhof nehmen sich die Gastgeber gern derart ihrer Gäste an. Solch gute Einzelheiten behält man im Kopf und sie leben erst recht auf beim hohen Rundumschauen von der Aussichtswarte über Gießelsdorfberg und den Stradner Kogel.

Ausgangspunkt: Hochstraden, 540 m, Buschenschank Schober (R: Mo, Di); Anfahrt: Von Bad Gleichenberg (siehe Tour 31) in Richtung Bairisch Kölldorf, davor rechts abzweigen Richtung Steinberg.
Höhenunterschied: 360 m, zusätzlich Gegensteigungen.
Anforderungen: Überwiegend Waldwege, unterschiedlich markiert; guter Orientierungssinn erforderlich.
Einkehr: Buschenschank Schoberhof in Haagergreith (R: Mo, Di), Imbissstube am Fuß der Aussichtswarte (geöffnet März–Okt.), Gasthof Grenzlandhof (geöffnet Mitte März–Mitte Okt., R: Mo, Di).
Tipp: Aussichtswarte am Gießelsdorfberg: Die 41 m hohe Stahlkonstruktion wurde im Jahr 1987 errichtet; 180 Stufen führen zu diesem luftigen Aussichtsplatz. Mittlerweile wurden die Seitenteile des Aufganges mit Planen abgedeckt, somit das Sicherheitsgefühl erhöht.

Beim **Buschenschank Schober** in Richtung Sender, dabei über eine Wiese kurz bergab zum Flurweg;

Hoch hinaus: 180 Stufen führen zur Aussichtsplattform.

diesem folgt man ca. 100 m. Links von einem Zaun und auf einem groben Waldweg bergan zum Sender auf dem **Stradner Kogel**; hinter der Sendestation steht der Vermessungsstein (von 1899). Hier nordseitig, auf Steigspuren, bergab zu den Betonfundamenten einer ehemaligen Radarstation. Durch schütteren Wald absteigend zum Grenzstein J/H, daneben weist ein Pfeil nach links. Hier zweigt man jedoch rechts ab! Ein halbwegs ebener Weg führt zu einer Rastbank, bald danach erreicht man den Weg 44. Auf diesem abwärts. Man erreicht eine **Quelle** (mit Trinkgefäß) und die Einmündung des Weges 786. Nun jedoch folgt man dem weiß aufgemalten **Weinglas** sowie den weißen Pfeilen; diese leiten zum Waldrand und dort entlang einer Flurstraße zum **Buschenschank Schoberhof**.

Auf derselben Strecke etwa 400 m zurück, zur Abzweigung des Weges 42. Diesem folgend im Wald bergan zu einem **Bildbaum** (mit Marienbild); von hier erreicht man, rechter Hand, den nahen Rand eines Steinbruchs.

Vom Bildbaum linkshaltend zur Einmündung markierter Wege (41 und 786). Man folgt diesen Wegen und erreicht alsbald einen Teich sowie eine **Hollerplantage**. Kurz danach eine **Gabelung**; an dieser geradeaus. Durch halbwegs ebenen Buchenwald zu einer kleinen Wiese; rechter Hand befindet sich ein Wegkreuz. Unmittelbar danach steht man vor der **Aussichtswarte** am **Gießelsdorfberg**.

Nach der Turmbesteigung: Auf dem gut gestalteten Gehweg entlang der Höhenstraße zum **Grenzlandhof**. Ab dem Gasthof leitet ein Waldweg steil bergan und mündet an jener Gabelung nächst der **Hollerplantage** in den Weg 41; diesem folgend durch Waldgelände, wobei man sich rechts hält, zu einer Foststraße. Zuletzt verbindet ein kurzer Wiesenpfad zum **Buschenschank Schober**.

41 St. Anna am Aigen: Weinweg der Sinne

5.00 Std.

»Sehen, Hören, Fühlen, Riechen und Schmecken«

Dieser Themenweg besteht seit Mai 2001. Das inhaltliche Überziel offenbart sich in der Begriffsreihe »Sehen, Hören, Fühlen, Riechen und Schmecken«. Die Strecke ist sinnhaft ausgestattet. Als Wegweiser dienen langhalsige Flaschen. Es wird jedoch in solchen nicht immer nur Wein abgefüllt. Deshalb ist der Begriff »Weinweg der Sinne« auch dahingehend zu verstehen, dass man zwar durch Weinberg-Landschaften spaziert, dennoch bei so manchem Produzenten puren Nektar verkostet. Somit fächert sich der Anwenderkreis weit auf. Schließlich folgen auch Familien gern dem »Weinweg der Sinne« – und noch immer haben Eltern nach so viel Sehen, Hören, Fühlen, Riechen und Schmecken ihre Kinder sicher und wohl behütet nach Hause geleitet.

Ausgangspunkt: St. Anna am Aigen, 403 m, Vintothek. Anfahrt: Aus Richtung Graz über Gleisdorf (A 2, Exit Gleisdorf-Süd) und Fehring.
Höhenunterschied: Ca. 300 m.
Anforderungen: Flurwege und Flurstraßen; speziell beschildert.
Einkehr: Gasthof Grenzlandhof (Mitte März–Ende Okt., R: Mo, Di), Imbissstube bei der Aussichtswarte (März–Okt., täglich ab 11 Uhr). Entlang der gesamten Strecke zusätzlich mehrere Buschenschenken bzw. Weinhöfe.
Variante: Die Strecke kann auch halbiert werden; Schleife St. Anna 3 Std., 6,5 km; Schleife Gießelsdorf 2 Std., 6,5 km.
Tipp: Gesamtsteirische Vinothek St. Anna am Aigen (März–Aug. Di–So, 11–18.30 Uhr; Sep.–Anfang Dez. täglich 10–17.30 Uhr).

Auf die Plätze ... fertig ... los: zum Ausblick in Richtung »Kleine Dreiländer-Ecke«.

In **St. Anna** führt zwischen dem Postamt und dem Pfarrheim ein Steig den Westhang abwärts. Ein Abstecher zum anliegenden Kalksteinbruch lohnt durchaus, um anschließend aus dem hinteren **Pleschbachtal** zu Weinbauhöfen bergan zu steigen. In **Schemming** erreicht man gegenüber einem Pestkreuz (von 1575) einen Rosengarten. Man folgt der Höhenstraße. Alsbald leitet im Buchenwald der **Alte Schulweg** bergan, dabei steigt man über Basaltstein-Stufen an; dieser Weg war bis zum Jahr 1975 die kürzeste Verbindung zwischen Hochstraden und St. Anna am Aigen. Nach einigen Gehöften gelangt man zur **Haselquelle**; deren Wasser wird weithin geschätzt. Alsbald nach dieser Quelle bietet sich Gelegenheit, von einer Holzterrasse Ausschau zu halten. Nach dem Höllischgraben erreicht man den **Grenzlandhof**. Nun halbwegs eben entlang eines Gehweges zur **Aussichtswarte** am Gießelsdorfberg.

Rückweg: Unweit der Warte durch Wald bergab zu einer Flurstraße an den Rieden von **Stradenberg**. Man erreicht die »Alte Presse«. Die Strecke des Themenweges leitet durch die Weiler **Himberg** und **Damberg**. Originell ist jene Passage, wo man mit Hilfe eines gezimmerten Steges einen Weingarten überquert. In weiterer Folge erreicht man mehrere Winzer-Gehöfte und überquert danach den **Pleschbach**. Zunächst einem Flurweg folgend, sodann an der sogenannten »steilen Leit'n« auf einem Pfad bergan und zuletzt am Ried Annaberg aufwärts. In **St. Anna** schließlich zu der am Dorfrand stehenden Vinothek.

42 Weg der Kunst um Stainz bei Straden

Das Haus der Vulkane und der sonntägliche Alltag

»Kunst im Steirischen Vulkanland« ist inhaltlich so vielfältig wie die Landschaft mit ihren äußeren und inneren Werten gleichermaßen reich. Infolgedessen gestaltet sich jeder dieser Ausflüge eher als ein Spaziergang. Der Raum ist eine Art universeller Makrokosmos, noch dazu einer zum Angreifen, zum Anschauen, zum Begreifen, zum Erfahren, zum Verkosten und freilich auch zum Mitnehmen und zum Bewahren bodenständiger Qualität: Dieses persönliche Bekenntnis gilt der hausgemachten Literatur ebenso wie den Töpferwaren und den Edelbränden.

Dieser Weg der Kunst leitet vom Haus der Vulkane zum Heimatdichter, zur autodidaktisch gebildeten Keramik-Künstlerin und von ihr zu jener benachbarten Edelbrennerei-Familie, welche bereits jede Menge Siegerpreise und dazu drei »Goldene Stamperl« gewonnen hat und – offenkundig – weiterhin zu gewinnen gedenkt.

Aus ganz anderem Holz geschnitzt ist wiederum jener Nachbar, welcher sich zum Ziel gesetzt hat, Motorsägen aus aller Welt zu sammeln. Lediglich in seinem Atelier ist es nicht gut möglich, ein Exponat zu ergattern; eher sollte man eine rare Kettensägentype mitbringen; auch ein Oldtimer-Traktor wäre im selben Atelier willkommen. Das Kunst-Verständnis entlang dieses Kunst-Weges reflektiert kunterbunte Mixturen. – Woran mangelt es letztendlich?

Ganz einfach: An noch mehr Naturboden. Dann könnten SIE und ER gar Hand in Hand gehen und erst recht deren KINDER würden ebenso ungefährdet – weil abseits jeden Straßenverkehrs – dem »Weg der Kunst« von Erlebnis-Station zu Erlebnis-Station folgen. Angesichts solchen Wunschdenkens erhebt sich einmal mehr die Frage: Warum lässt sich die Kunst des Gehens speziell im Kulturland nicht besser verwirklichen?

Wäre es anders, herrschte auch am Weg der Kunst jeden Tag Sonntag.

Ein Felsen, welcher aufhorchen lässt: Dieser »Summ-Stein« steht am Rand der nach Muggendorf führenden Straße.

Ausgangspunkt: Stainz bei Straden, 260 m, Info-Zentrum »Haus der Vulkane«, mit Restaurant und »kostBar« (R: Di, Mi); an der B 66 Gleichenberger Bundesstraße. **Anfahrt:** Aus Richtung Graz A 2 (Exit Gleisdorf Süd) und Fehring; aus Richtung Leibnitz (A9, Exit Vogau) oder Bad Radkersburg über Halbenrain.
Höhenunterschied: 100 m.
Anforderungen: Erheblicher Streckenanteil mit Flurstraßen, ansonsten Feldwege, Flurwege, Waldwege. Insgesamt ist die Strecke nur beschränkt Buggy-tauglich.
Einkehr: Buschenschank Leitgeb (Fr–So, Fei, jeweils ab 16 Uhr), Buschenschank Dunst (März–Dez., an Werktagen ab 11 Uhr, So und Fei ab 14 Uhr).
Tipps: Haus der Vulkane mit der »kostBar«, Verkauf regionaler Spezialitäten.
Weinverkostungen beim Buschenschank Leitgeb in dessen Weinkeller (18. Jh.).

Ab dem **Haus der Vulkane** weisen Basaltgebilde – jedes versehen mit einem Miniatur-Täfelchen und einem ebenso minimalen Pfeil – die Richtung. Nicht selten stehen diese sonderangefertigten, kaum kniehohen »Wegweiser-Gebilde« an Kreuzungen just im toten Winkel.
Man gelangt zunächst zu den drei **Summ-Steinen** und zweigt alsbald von der Straße ab zur Tast-Station; der angrenzende Aussichtsturm dient dem Beobachten der Blauracken, einer äußerst seltenen Vogelart. Alsbald spaziert man durch **Muggendorf** und zu einem einladenden Rastplatz.
Der hier platzierte Kugelstein, eine wahre Vulkanbombe, wiegt ungefähr 15 Tonnen und stammt aus dem Basalt-Steinbruch von Hochstraden. »Die Verladung und Überstellung war fast ein Himmelfahrtskommando«, erinnert sich Literat Johann Scheucher; er hatte die Idee zu dieser Überstellungsaktion, diese auch geleitet – und nun ziert das Prunkstück die sogenannte **Tauchenrast**.
Ab der Station »Steinzeitklang« leitet die Route bergan, entlang einer Pappelallee. Man kommt zunächst zu einem Xylophon und von diesem zur **Literatur-Station**: Johann Scheucher

Aus dem Schatten zum Licht: Mit diesem Bildstock wird der Gefallenen gedacht und zum Frieden gemahnt.

wirkt als Archivalienpfleger der besonderen Art; er sammelt Anekdoten, schreibt Episoden und lässt das Wissen von Zeitzeugen in Druckwerken fortleben.

Nur noch kurz bergan, dann auf ebenem Weg zum **Buschenschank Leitgeb** – ein bildschöner Platz! – und von diesem zur kleinen Maria-Loretto-Kirche. Von hier spaziert man taleinwärts, vorbei an zwei Teichen und geradewegs in den sogenannten **Klangwald** (Klangkörper: Holz, Metall).

Im Wald bergan, durch ein Quellschutzgebiet, vorbei an Nussbäumen und Kürbisäckern zum Höhenrücken von **Muggendorfberg** und heran an die Station **Keramik & Eisen**: Marianne Grach führt vorbeikommende Gäste jederzeit durch die Werkstatträume und offeriert jede Menge Mitbringsel für Haus und Garten.

Nur wenig später erreicht man das Weingut Leitl und gleich nebenan die **Edelbrand-Destillerie Tischler**; der Sohn und der Vater – beide heißen Josef – haben dank ihrer extra feinen Nase bisher mehr als 30 Siege im Destillieren errungen.

Alsbald danach, an einem Waldrand, gelangt man zu einer großen, aus Holz gefertigten Eule. Ein Waldweg verbindet, wiederum bergan, zum Gehöft Absenger vulgo Wutschger; es hat eine schmucke Giebelfront. Unmittelbar anschließend die von Franz Berghold eingerichtete **Motorsägensammlung**; diese umfasst mehr als 200 Exponate, von denen die ältesten aus dem Jahr 1925 stammen.

Im nächsten Wegabschnitt kommt man zuerst zum **Buschenschank Dunst**, danach zu einem Wohnhaus, wo ein »Steintor« aufgestellt ist, und blickt durch dieses auf die markante Silhouette des Vier-Kirchen-Marktes Straden.

Man erreicht bloß zwischenzeitlich den Talboden, denn nochmals, nunmehr auf Naturboden, steigt man an und quert entlang des sogenannten Irrgartens; dieser ist das Relikt einer aufgelassenen Baumschule.

Den Talboden erreicht man endgültig in Muggendorf. Kein Weg führt vorbei am wohlsortierten **Hofladen** der Familie Hirschmann. Schlussendlich wie beim Zugang zurück zu den Summ-Steinen und zum **Haus der Vulkane**.

Mit Gespür und Hausverstand zeitlos schön erbaut: beim Buschenschank Leitgeb.

43 Rund um Straden

1.15 Std.

Dem »Steirischen Früchtekorb« fehlt ein schöner Wanderweg

Besucht man Straden, keimt ruckzuck die Frage: Und wo beginnen hier die Spazier- und Wanderwege? Auch auf den zweiten Blick scheint das Fußwegenetz so organisiert zu sein, dass an diesem Ort hoher Wert darauf gelegt wird, dass sich Gäste möglichst nahe am Pulsschlag örtlichen Geschehens aufhalten: Die Rundwegstrecke innerhalb des Marktes ist aufwendig ausgestaltet. Ganz anders hingegen zeigt sich der sogenannte Naturlehrpfad – nämlich als ein Relikt des Vergessenseins.

Freilich wird in Zeiten wie diesen als schick erachtet, aus der Gastgarten-Perspektive den Puls der Natur zu erahnen. Straden präsentiert sich opulent, als »Steirischer Früchtekorb« und zudem künstlerisch außergewöhnlich ambitioniert. Irgendwann wird man sich hier daran erinnern, dass zum wahren Wohlfühlen auch Bewegen gehört – und zwar aus eigener Kraft.

Ausgangspunkt: Straden, 376 m, am Kirchplatz. Anfahrt: Aus Richtung Feldbach über Bad Gleichenberg, aus Richtung Leibnitz (A 9, Exit Vogau) über Gosdorf; von Bad Radkersburg über Halbenrain.
Höhenunterschied: 120 m.
Anforderungen: Waldwege entlang des dürftig bezeichneten Naturlehrpfades, am Rückweg ein kurzer Abschnitt auf der Straße.
Einkehr: Restaurant Saziani-Stub'n (Fr– So ab 11.30 Uhr, Mi und Do ab 17 Uhr, R: Mo, Di) in Straden, unterwegs keine.
Tipps: Rundgang am Stradener Kirchberg; zu vier Kirchen mit drei Türmen (eine Kirche liegt unterirdisch).
Nostalgie der Moderne mit der Greißlerei De Merin, samt Spezialitäten heimischer Landwirte und Winzer.
Straden aktiv: »Da ist ganzjährig ganz viel los.« Vor allem Erheiterndes. Das Stradener Straßen-Spektakel findet alle zwei Jahre statt, und zwar grundsätzlich am ersten September-Sonntag. Im jeweiligen Zwischenjahr orgelt zum selben Termin »GRAD SCHRÄG – Impertinent Schöne VolXmusik« am Rosenberg bei Stainz bei Straden. – www.straden-aktiv.com.

Am **Kirchplatz** in Straden, beim Friseur Koiner, weist eine Tafel zum »Naturlehrpfad«: Die Stiege abwärts, zum Klapotetz, an der Schule vorbei und zur »**Saziani-Stub'n**«. Nach diesem Restaurant entlang der rechten Straße zum Malerbe-

Frisch, saftig, steirisch: Solche Äpfel schmecken herzhaft!

Hohe Lebensqualität: aus Richtung Saziani zum Stradner Kirchberg.

trieb Leitgeb (Wegkreuz) und zum Waldrand; Tafeln: Fitness-Strecke und **Naturlehrpfad**. Abwärts in den Wald und darin auf festem Boden zum Waldrand. Davor linkshaltend und nochmals durch Waldgelände. Anschließend auf einem Wiesenweg bzw. Flurweg zu einer Apfelplantage und an dieser entlang. Linkshaltend, zunächst an einer Asphaltstraße, sodann geradeaus auf einem Flurweg zur Einmündung in die Straße am östlichen Ortsrand von **Schwabau**. An der Straße bergan. Am Waldrand – noch vor der Anhöhe am Kronnerberg – links abzweigen in eine Hauszufahrt. Aus deren erster Kurve geradewegs in den Wald. Rechtshaltend bergan zur Fitness-Strecke bzw. zum Naturlehrpfad. Wie beim Zugang zurück in die Ortsmitte von **Straden**.

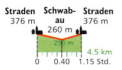

44 Über den Königsberg

2.15 Std.

Auf den höchsten Berg im Klöcher Weinland

Vor rund 6000 Jahren ließen sich im Gipfelbereich des Königsberges bäuerliche Einwanderer nieder und rodeten das Umland. Vermutlich im neunten Jahrhundert vor Christus – der Späteren Urnenfelderzeit – entstand im selben Bereich eine große befestigte Siedlung; diese ist die bisher größte bekannte derartige Siedlung in der Steiermark. Bis in die Türken- und Kuruzzenzeit hinein diente der Königsberg wiederholte Male als Zufluchtsort für die Menschen des Steintales. Kurz vor Abschluss des Weltkrieges im Mai 1945 war der Königsberg heftig umkämpft – so die Chronik im Zeitraffer, dargestellt auf dem Kulminationspunkt des Königsberges.

Talort: Klöch, 291 m; Anfahrt: Aus dem Süden von Bad Radkersburg oder Halbenrain; aus Richtung Feldbach über Bad Gleichenberg.
Ausgangspunkt: Gasthof Weinlandhof (R: Mo), 330 m. Anfahrt: Von Klöch nach Norden in Richtung Deutsch Haseldorf.
Höhenunterschied: 230 m.
Anforderungen: Waldwege, Flurwege, Nebenstraßen; großteils markiert bzw. beschildert.

Einkehr: Buschenschank Eberhart (kein Ruhetag).
Tipps: In Pichla am Weingut Platzer (oftmaliger Sieger in den Landes-Weinwettbewerben) Führungen, Verkostungen; Anmeldungen unter ✆ 03475/2331.
Achtung, Flopp: Auf die »Basaltspalte von Tieschen« (entstanden durch Basalt-Abbau im 19. Jh./Anfang 20. Jh.) wird lokal öfters verwiesen, diese enthält jedoch zu geringen Informationswert.

Ab dem **Gasthof Weinlandhof** entlang der Landesstraße bergan in Richtung **Straßenkuppe**; kurz davor und rechter Hand beginnt der Weg 8. Dieser leitet anfangs an Weingärten entlang und führt sodann als Waldweg in leichtem Auf und Ab zu einer Tafel (Pichla bzw. Königsberg-Denkmal). Hier geradeaus weiter. Auf einem Fahrweg inmitten von Weingärten abwärts und vorbei an einem Kellerstöckl (mit Jahreszahl 1846). Die Hofzufahrt ab-

Nahe vom Weinlandhof: aus der Nordseite des Königsberges Richtung Stradnerkogel.

wärts zum Feuerwehr-Rüsthaus in **Pichla**. Linkshaltend, vorbei an der kleinen Kirche (erbaut 1857, renoviert 1993) zum populären **Weingut Platzer**. Von hier eben weiter zum benachbarten Buschenschank Eberhart. Nach dem Ortsende von Pichla leicht bergan. Vor der Juxtafel »Maria-Bikini-Straße« linkshaltend in den Wald; es folgt der Hinweis »**Basaltspalte**«; ein vermeintlicher »Naturlehrpfad« bzw. wohl eher ein verfallender Steig leitet zu diesem angeblichen Geotop.

In jedem Fall vom Hinweis »Basaltspalte« entlang der markierten Route auf einem gut begehbaren Steig im Mischwald so weit aufwärts, bis man am **Königsberg** einen Sattel erreicht. Rechtshaltend zum **Grenzland-Denkmal**; dieses steht auf einem ebenen Platz, inmitten Waldbestandes. Rastplatz und Birkenkreuz.

Der **Rückweg** erfolgt in östlicher Richtung: Abwärts zum vorhin erwähnten Sattel und aus diesem bis zum Weg 8. Wie beim Zugang zurück zum **Weinlandhof**.

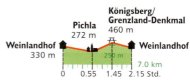

45 Um den Klöchberg

2.15 Std.

Kirchsteig und »Halige Stiegn« würzen den Spaziergang

Ein beliebtes Getränk ist die »Mischung«; erst recht, wenn diese mehr Wein als Wasser enthält. Ähnlich zufrieden stellt diese Wanderstrecke. Denn fein ist es immer, federn Schuhsohlen auf Naturboden ab. Dass auch bei dieser Runde zwischendurch Asphaltbänder abgeschritten werden, begründet sich im handfesten Erfordernis, dass auch Wirtschaftswege solid befestigt sein sollen. Vermutlich genügt den meisten Spaziergängern ohnehin, dass sie nur einmal den Kirchsteig und die »Halige Stiegn« passieren. Denn am liebsten wird in solch einem Ausflugsgelände sorglos nebeneinander gegangen – was schließlich ähnlich bekömmlich wirkt wie eine gute »Mischung«.

Ausgangspunkt: Klöch, 291 m, Vinothek (Parkplatz). Anfahrt: Aus dem Süden von Bad Radkersburg oder Halbenrain; von Feldbach über Bad Gleichenberg.
Höhenunterschied: 250 m, samt Gegensteigungen.
Anforderungen: Waldsteige, Flurwege, Hofzufahrten, erst zuletzt ein kurzes Stück auf dem Gehsteig entlang der Landesstraße; markiert bzw. beschildert; teilweise identisch mit dem »Klöcher Traminerweg«.
Einkehr: Buschenschank Prassl (R: Mi), Buschenschank Leo Palz (kein R), Gasthof Palz (R: Mo, Di).
Tipps: Der Weinort Klöch. Von Juni bis Anfang September »Klöcher Kultursommer« auf der Burgruine Klöch; hier auch der Aussichtsturm, zugänglich Ostern bis Ende Okt., täglich 12–18 Uhr.
Das Weinbaumuseum (April–Nov., täglich 10–12 und 15–19 Uhr); mit Vinothek.

Diese Wanderung beginnt an der **Kirche** von **Klöch**. Nächst dem Kirchentor beginnt der Wanderweg 1; ein Steig leitet den mit Pfarrwald bezeichneten Hang bergan. Anschließend geht man entlang eines Weingartens und erreicht einen Bildstock. Oben, im Weiler **Seindl**, benutzt man zuerst die Flurstraße, folgt jedoch alsbald einem Flurweg und überquert auf ihm eine

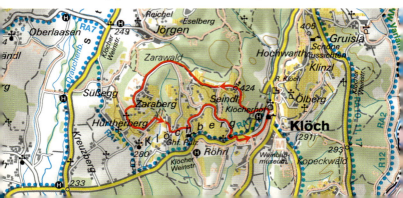

Der Vulkanboden macht's möglich: Hier gedeiht die Klöcher Perle.

von Weingärten bedeckte Kuppe. Ab einem Wohnhaus auf einem Wiesenpfad abwärts, danach leitet ein Steig durch den **Zarawald**. Man stößt an eine Straße; an derselben Stelle mündet der Weg 2 ein. Die Straße geradeaus weiter zum **Buschenschank Prassl** am Zaraberg; nebenan steht ein großes Wegkreuz. Geradeaus weiter. Beim Gästehaus Hackl zweigt man rechts ab. Auf einem zunehmend steilen Wiesenpfad bergab; rechter Hand steht ein Pestkreuz. Die »**Halige Stiegn**« (Heilige Stiege) kann eine mitunter rutschige (mundartlich: »hale«) Treppe sein, über die man absteigt.
In **Hürtherberg** nach dem Weinbau Schuster linkshaltend. Die Straße abwärts zu einem Wegkreuz, dann zum Weinbau Winkler, nach diesem erreicht man einen Stadel. Hier links abzweigen und zu einer Kapelle (erbaut 1926), die man ehest erreicht. Weiter in Richtung **Buschenschank Palz**; jedoch zweigt man davor auf einen Flurweg ab. Durch Weingärten querend, leicht bergan, zum **Gasthof Palz**. Ab hier die Straße bergan. Beim Haus Nr. 175 geradeaus weiter, dann bei einem verfallenden Haus halbrechts bergab. Zuletzt entlang der Landesstraße auf einem Gehsteig zu einer Kuppe und von dieser zum Kirchplatz in **Klöch**.

46 Vom Ottersbach zur Weinwarte

2.30 Std.

Ins Land schauen wie vom Kelchrand einer Sektflöte

Die ob ihrer Form einzigartige Aussichtswarte – geschaffen vom Grazer Architekten Pius Wörle in Gestalt eines 28 m hohen Weinglases – beweist Wirkung: Der Besuch ist stark beeindruckend. Wer den aus Holzelementen komponierten, wie eine Sektflöte so schlanken Turm erklimmt, schlängelt sich über exakt 140 Stufen zur gedeckten Plattform: Die 25 m über dem Boden reichen aus, um in einem lückenlosen 360-Grad-Panorama ins Land zu schauen: über das Radkersburger Teich- und Hügelland südwärts zu den Weinbergen in den Windischen Bühlen; vielleicht auch zum Schnee auf der Koralpe.

Die Eröffnung der Aussichtswarte fand am 20. Mai 2004 statt und die in Pischelsdorf ansässige Baufirma hat so präzise wie prompt gearbeitet: Die Bauzeit währte nur vier Wochen.

Ausgangspunkt: St. Peter am Ottersbach, 271 m, Ortsmitte (Busstation) oder Freizeitzentrum (Freibad), großer Parkplatz. Anfahrt: Aus Richtung Graz A 9 Pyhrnautobahn (Exit Vogau) – Weinburg am Saßbach; aus Richtung Feldbach über Gnas.

Höhenunterschied: 130 m, zusätzlich geringe Gegensteigungen.

Anforderungen: Wald- und Wiesenwege, Flurstraßen, Hofzufahrten; durchgehend beschildert (Wege 62, 63 bzw. 60).

Einkehr: Weinhof Rauch, Jause auf Vorbestellung, ✆ 03477/2510, Wirtshaus zum Bergler Schlössl (R: Di); Gasthaus Frieda Stor; Buschenschank Pitzl.

Tipps: Am Weinhof Rauch Führungen, Weinfeste; www.weinhof-rauch.at.

Aus der Ortsmitte von **St. Peter** zum **Freizeitzentrum**; Wegweiser. Dem Kalvarien-Weg folgend und somit entlang dessen 14 Kreuzwegstationen durch steilen Wald aufwärts zum **Kalvarienberg**: Die gleichnamige Kirche ist ungefähr 150 Jahre alt.

Nun am Scheitel des Höhenrückens bzw. dem 4-Berge-Weg folgend nordwärts. Dieselbe Strecke ist identisch mit der **Südoststeirischen Weinstraße**. Man gelangt zum **Weinhof Rauch**; von diesem stattlichen Anwesen entlang der Höhenstraße weiter und – nachdem man zwischendurch einem Wiesenweg gefolgt ist – zur Weggabelung beim Gschurerkreuz bzw. **Bergler Schlössl**. Hinter dem Wirtshaus leitet ein Steig am Perbersdorfberg (auch Steinriegel genannt) aufwärts zur **Weinwarte**. Auf der Höhenstraße nordwärts durch die Höhensiedlung **Entschendorfberg** zum bescheidenen **Gasthaus Stor** am Gehöft Woazackerschuster. Hier zweigt man talwärts ab; die Straße führt am **Gehöft Riegelschneider** vorbei. Nach dem Abstecher zur nahen Hofstätterkapelle (erbaut 1865, renoviert 2000) bergab zum Bu-

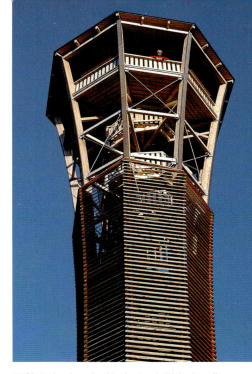

28 Meter hoch und schlank wie ein Weinglas: die Aussichtswarte am Perbersdorfberg.

schenschank Pitzl und daran vorbei in den **Talboden**. Am linken Ufer des Ottersbachs auf einer Flurstraße abwärts zu einem frei zugänglichen **Rastplatz**; hier steht ein »Gailtaler Feuerbock«, errichtet vom Wasserbauamt Feldbach in Erinnerung an die Ottersbach-Sanierung 1989–1994. Unweit davon erreicht man das **Freizeitzentrum** bzw. die Ortsmitte von **St. Peter am Ottersbach**.

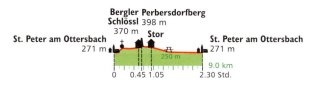

47 Rosenberger Weinweg

3.00 Std.

Obstplantagen, Rebenhänge und Waldlandschaften

Dieser nördliche Randteil des Radkersburger Teich- und Hügellandes wird (noch) weit unter seinem Wert gehandelt. Die Ursache bestehe darin, so wird moniert, dass es an der Rosenberger Seite an Gastronomiebetrieben fehle. Die Zeichen der Zeit sehen aber auch anders aus: Es gibt genügend solche Leute, welche froh sind, sich außerhalb touristisch belebter Zonen bewegen zu können. In diesem Sinne wirkt der Rosenberger Weinweg maßgeschneidert alternativ, weil als eine beschauliche Strecke. Diese beschenkt – reichhaltig wie ein Füllhorn – jeden Gast mit Schritten entlang von Obstplantagen, Rebenhängen und durch Waldlandschaften.

Ausgangspunkt: St. Peter am Ottersbach, 271 m, Gemeindeamt bzw. Dorfplatz. Anfahrt siehe Tour 46.
Höhenunterschied: 180 m, samt Gegensteigungen.
Anforderungen: Überwiegend Flurstraßen; zwischendurch und abschließend jeweils Waldweg; beschildert mit »Rosenberger Weinweg« (Weg Nr. 54).
Einkehr: Urlaub am Bauernhof Liebmann vulgo Holzjogl; Buschenschank Berglermühle (Variante; geöffnet April–Okt., Fr–So, www.berglermuehle.com).
Variante: Von St. Peter direkt zum Buschenschank Berglermühle und von dort zum Weinweg am Rosenberg (beschildert).
Tipps: St. Peter, mit Kirche (von 1770), Friedhofskapelle für Gefallene (von 1916, mit Jugendstil-Elementen und exotisch anmutender Dachform), großem Kinderspielplatz.
Ensemble bei der Berglermühle mit Teich, alter Mühle und Buschenschank.

Beim Gemeindeamt in **St. Peter am Ottersbach** weisen Tafeln die Richtung. Nach etwa 500 m erreicht man die erste Weggabelung: Man folgt, linkshaltend, dem Weg 54 und geht entlang der Straße durch **Jaun**. Ab dem Haus 152 bzw. bei einem Bildstock beginnt ein Waldweg, auf diesem erreicht man wiederum die Straße. Alsbald bergan zum stattlichen **Obstbau Ploder**. Anschließend zweigt man rechts ab und geht sachte bergan. Linker Hand, hinter einer Streuobstwiese, liegt das **Gehöft Holzjogl**.
In Unterrosenberg an der Asphaltstraße leicht bergan zur »Tiefkühlanlage Rosenberg«. Danach zweigt man links ab. Der Weinweg führt abwärts zu einem **Teich**; jenseits von diesem folgt man einem Flurweg zu jener Einmündung, an welcher ein Hochsitz steht. Bergan zu den Weingärten in **Oberrosenberg**. Die Höhenstraße führt durch ein Waldstück; nach diesem kommt man zu dem auffal-

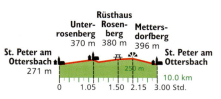

lend rot gefärbten **Feuerwehr-Rüsthaus** (gegenüber, am Waldrand, ein Rastplatz) und folgt der Höhenstraße bzw. dem Saßtalkammweg nach rechts bis zum Sender am **Mettersdorfberg**.
Linkshaltend zu einem alten Gehöft; hier zweigt der Weg 54 rechts ab. Alsbald leitet halblinks ein Steig den Wald abwärts. Man gelangt in den **Ehrgraben**. Der weiterführende Waldlehrpfad endet nach 1,5 km an der Friedhofskapelle. Man geht zur Tischlerei Platzer und erreicht sogleich die Ortsmitte von **St. Peter**.

Unübersehbar auch am Rosenberg: Der Zeitpunkt für die Weinlese naht unaufhaltsamen Schrittes.

48 Gosdorf und Kleiner Teichweg

3.15 Std.

Das Radkersburger Teich- und Hügelland möge erblühen

Es war im Jahr 1994, als die im Radkersburger Teich- und Hügelland vereinten zwölf Gemeinden ein Wanderwegenetz auf die Beine stellen ließen. Die Triebfeder für dieses musterhafte Projekt war Franz Dressler, der damalige Bürgermeister von Gosdorf. Mit dessen allzu frühem Tod ist jedoch zugleich der innovative Pulsschlag in dieser Kleinregion erlahmt. Die Spuren dieses schmerzhaften Einbruchs sind rundum sichtbar: Es dünkt den Gast, hier stehe die Zeit (wieder) still. Dennoch: Wer dem Kleinen Teichweg folgt – beispielsweise dann, wenn Teppiche von Buschwindröschen die Gestade am Unterlauf des Saßbachs bedecken –, vermag teilzuhaben am Schimmer der Hoffnung, »das Radkersburger Teich- und Hügelland möge aufs Neue erblühen«.

Ausgangspunkt: Gosdorf, 234 m, Gemeindeamt (Parkplatz). Anfahrt: A 9 Pyhrnautobahn, Exit Vogau oder Exit Gersdorf. Bahn- und Buslinie Graz – Spielfeld – Bad Radkersburg.
Höhenunterschied: Keiner.

Anforderungen: Flur- und Uferwege, kürzere Abschnitte auf Asphalt; beschildert mit »Kleiner Teichweg« (gelbe Tafeln, Weg Nr. 42).
Einkehr: Unterwegs keine.
Tipp: Dorfschmiede Lederhaas.

Gegenüber dem Gemeindeamt in **Gosdorf** spaziert man vom Lagerhaus zum Saßbach, kurz an dessen Ufer bachaufwärts und überquert in Höhe des Hauses Nr. 8 auf einem Steg den Saßbach. Nun geradewegs zur **Dorfkapelle** (errichtet von der Grafschaft Brunnsee; am Turm die Jahreszahl 1806). Alsbald zweigt man zur **Kunstschmiede Lederhaas** ab und folgt dem anschließenden Flurweg; dieser führt rechts vom **Saßbach** aufwärts, teilweise am Feldrand, und schließlich zur Einmündung in die Landesstraße. Man überquert diese und hält sich sogleich rechts. Wiederum auf einem Auweg das Saßbach-Ufer aufwärts. Dann nähert man sich, nun auf der Straße, einer Häusergruppe in Oberrakitsch. Als ersten Teich

Frühlingsboten entlang des Ottersbaches: Teppiche von Buschwindröschen bedecken den Auwaldboden.

erreicht man den **Langteich**; der Ebenteich liegt davon östlich, im Wald und daher etwas versteckt. Ab dem Langteich umrundet man entgegen dem Uhrzeiger das weitere Gelände. Ein Waldweg führt durch das Brunnenschutzgebiet der Gemeinde Eichfeld zum **Straßenteich**; daran liegt ein urig-idyllischer Platz mit einer kleinen Teichhütte.

Sodann leitet ein Flurweg nach Unterhart. Entlang der Asphaltstraße gehend, gelangt man zu den Dorfteichen und zur örtlichen **Kapelle** (erbaut 1909). Hier zweigt man rechts ab, folgt nun einer Flurstraße (Fahrverbot) und kommt an drei kleine Teiche heran.

Nun leitet ein Pfad das orografisch linke Ufer des Saßbachs entlang. Man erreicht einen Marienbildstock, geht am Ufer weiter und biegt nach dem Wochenend-Häuschen sogleich links ab. Beim Haus Oberraktisch 52 zur **Straße** (gelbe Tafel, Gosdorf Bahnhof 4 km). In diese Richtung auf dem Zugangsweg zurück nach **Gosdorf**.

49 Murecker Au-Erlebnisweg

1.30 Std.

Verwinkelte Pfade im Dschungel an der Mur

Die Mur-Auen sind ein ökologisch bedeutendes Feuchtbiotop und zugleich ein wahrer »Dschungel«. Es lag nahe, im stadtnahen Aubereich von Mureck einen Erlebnisweg einzurichten. An zwölf Stationen wird Wissenswertes zu seltenen Tierarten und zu geschützten Pflanzen vermittelt wie auch zum Klima und außerdem zur Mur-Regulierung. Der Au-Erlebnisweg besteht seit dem Jahr 1998; er koppelt in erholsamer Art das »Erleben in der Natur mit dem Erfahren aus der Natur«.

Ausgangspunkt: Mureck, 237 m, Rathaus am Hauptplatz. Anfahrt: A9 Pyhrnautobahn, Exit Gersdorf. Bahn- und Buslinie Graz – Spielfeld – Bad Radkersburg.
Höhenunterschied: Keiner.
Anforderungen: Spazierweg; zahlreiche Info-Tafeln zur Landschaft der Mur-Auen.
Einkehr: Gasthaus Mühlenhof (R: Mo, Di; außer bei Schönwetter).

Tipps: Stadtspaziergang durch Mureck; mit Hauptplatz, Rathausturm (1669 von Bartolomäus Lorber fertiggestellt), Pfarrkirche (Urkirche aus dem 11. Jh., mehrere Male zerstört, jüngster Bau aus dem Jahr 1780).
Mahlbetrieb und Führungen auf der Murecker Schiffmühle, in Dienst gestellt 1997; seither mehrere Male renoviert bzw. gerettet, zuletzt 2006.

In **Mureck** spaziert man vom Rathausturm den Hauptplatz entlang und durch die Austraße zum **Erlebnisbad**. Am Waldrand beginnt der **Au-Erlebnisweg**; eine Übersichtstafel informiert über die Lage der jeweiligen Stationen. Eine Wegschleife leitet zuerst kurz ostwärts bzw. flussabwärts zur »**Schotter-Eiche**«: Diese wurde um 150 v. Chr. (!) im Alter von ca. 500 Jahren entwurzelt und in den Murschottern eingebettet. Im Jahr 1995 fand man bei Grabungsarbeiten diesen Baumstamm; er lag 4 m unter der Geländeoberfläche.

Sodann spaziert man über ein Brückerl und erreicht die **Murecker Schiffmühle**; gemeinsam mit dem am Ufer stehenden »Mühlenhof« ergeben die beiden »Wasser-und-Land-Objekte« das populärste örtliche Ensemble. Die Schiffmühle ist die »einzige schwimmende und funktionstüchtige Mühle Mitteleuropas«. Deren Wasserrad dreht sich während jeden Jahres beinahe 240 Tage: Biologisch angebautes Getreide aus der Region um Mureck wird zu feinstem »Murmüllermehl« vermahlen.

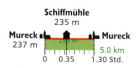

Am anschließenden Weg flussaufwärts informieren **Schautafeln** zu den Themen »Erosion und Anlandung«, »Au-'Un'-Kräuter«, »Der Sonne entgegen«, »Gehölze der Au«; speziell viel Wissenswertes

über Bärlauch offeriert die Schautafel »Angebot für Auwald-Gourmets«. Ab dieser Station leitet der Erlebnisweg in einer kürzeren Schleife zurück. Die Station 9 interessiert wohl alle Liebhaber von Singvögeln und die Nummer 10 stellt die gar wundersame Verwandlung der Molche vor. Der Erlebnisweg endet an der Schautafel zum Thema »Wandel der Jahreszeiten«.

Vom Erlebnisbad spaziert man auf beliebiger Strecke – eventuell durch den Freizeitpark – zurück in den Stadtkern von **Mureck**.

Zugänglich von Mitte Februar bis Mitte November: die Murecker Schiffmühle.

50 Grenzweg von Spielfeld nach Mureck

4.30 Std.

Weitersfelder Mur-Fähre und Schneeglöckerlteppiche

In Weitersfeld gibt es einen Grenzübergang, jedoch einen der besonderen Art: Zwischen dem österreichischen und dem slowenischen Ufer der Mur verkehrt eine Rollfähre. Seit 1. Mai 2004 – an diesem Tag wurde die EU-Erweiterung mit Slowenien wirksam – darf die Weitersfelder Mur-Fähre faktisch allgemein benutzt werden. Das war nicht immer so: Erst mit dem 16. März 1995 öffnete sich derselbe Grenzübergang für Fußgänger und Radfahrer aus allen Teilen Österreichs und Sloweniens. Wer kann sich heutzutage noch vorstellen, dass aus politischen Gründen die Mur-Fähre lange 50 Jahre (1945–1995) allgemein nicht benutzt werden durfte ... Nun liegt die Grenz-Landschaft in tiefem Frieden da. Die Farbe Weiß symbolisiert den Frieden. Gleich weißen Teppichen bedecken Schneeglöckchen während des Zeitraums Mitte Februar bis Mitte März den Boden des Auwaldes. Ab der Zeit der »Schneeglöckerl-Wanderungen« beginnt der Auwald aufzublühen und alsbald bedeckt ein neues dichtes Blätterdach diesen Riesenschatz von Biotop.

Ausgangspunkt: Spielfeld, 260 m, ÖBB-Bahnhof Spielfeld-Straß, Park+Ride-Platz. Anfahrt: A 9 Pyhrnautobahn, Exit Spielfeld; Bahn- und Buslinie Graz – Spielfeld – Mureck – Bad Radkersburg.
Endpunkt: Mureck, 237 m, ÖBB-Bahnhof, Park+Ride-Platz. Anfahrt/Rückfahrt: per Bus oder Bahn.

Fahrplan: www.busbahnbim.at.
Höhenunterschied: Keiner.
Anforderungen: Großteils nahe dem Mur-Ufer bzw. durch Auwald. Markiert und beschildert als Mur-Grenzweg (Nr. 10) bzw. Weitwanderweg (Nr. 03).
Einkehr: An der Mur-Fähre in Weitersfeld Jausenstation Murhütt'n (R: Mo); bei der Murecker Schiffmühle Gasthaus Mühlenhof (R: Mo, Di; außer bei Schönwetter).
Tipps: Mur-Fähre Weitersfeld (Österreich/Slowenien), in Betrieb vom 1. Mai bis 31. Okt.; Mitfahrt bis auf Weiteres nur mit gültigem Reisedokument.
Führungen in der Murecker Schiffmühle (siehe Tour 49).

Vor dem **Bahnhof Spielfeld-Straß** weist eine gelbe Tafel die Richtung: Man folgt dem »Mur-Grenzweg« (gelbe Tafeln) und zugleich dem Weitwanderweg (rot-weiß-rote Farbmarken), überquert alsbald die Murbrücke und zweigt am nördlichen Brückenkopf rechts ab: Auf dem Dammweg flussabwärts. Man unterquert die Pyhrnautobahn und geht, nun bereits auf Boden der Gemeinde Murfeld, auf die **Wisiakmühle** zu.

Kurz danach, bei jener Infostation in Höhe einer ehemaligen **Wehranlage**, wendet man sich dem Ufer-Pfad zu und geht somit nahe am Wasser weiter flussabwärts. Beim Fluss-Kilometer 128 steht ein Meilenstein (mit der Inschrift »von Graetz ... nach Wien ... nach Triest«). Der Uferweg wird schließ-

Würdig für ein Prädikat »Naturpark«: der Auwald am steirischen Ufer der Mur.

lich von einem Bachbett unterbrochen. Das Wasser, durch welches man nun watet, erfrischt die Füße. Unmittelbar nach dem Fluss-Kilometer 125 erreicht man die Zollstation Weitersfeld. Wer Lust verspürt auf eine Überfahrt mit der **Mur-Fähre**, betätigt die Glocke; die Fähre wird von slowenischer Seite her bedient.

In jedem Fall setzt man ab der Murhütt'n die Wanderung am linken Ufer und damit weiterhin auf österreichischer bzw. steirischer Seite fort. Flussabwärts breitet sich ein in jüngerer Zeit neu gestaltetes Ufergelände; rustikale Sitzbänke laden zum Abrasten ein. Ein Stück weiter

Am Grenzübergang Weitersfeld/Sladki vrh (Süßenberg): mit Hilfe der Mur-Fähre von Staat zu Staat.